Edition septembre 2018

PowerPoint 2013 - 2016
Initiation

Fichiers téléchargeables

Les fichiers de manipulations cités dans cet ouvrage sont téléchargeables sur Internet. Pour y accéder, procédez comme suit :

- lancer votre navigateur internet
- saisir ou copier-coller dans la barre d'adresses de votre navigateur (encadré rouge) le lien indiqué dans la description de l'ouvrage (description disponible sur le site Amazon)
- la liste des fichiers utilisables s'affiche

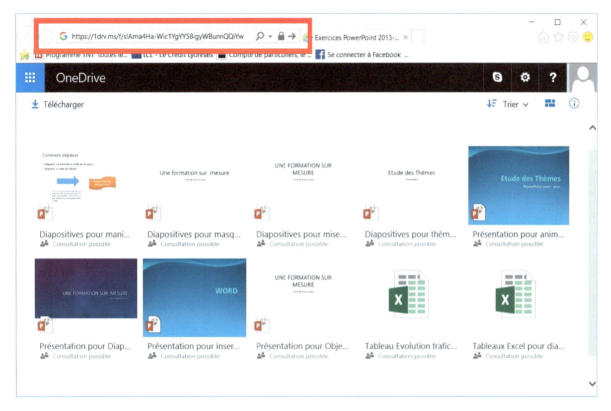

- Pour télécharger un fichier, cliquer droit sur son nom puis cliquer sur **Télécharger** ou sur **Download** ; vous pouvez également le sélectionner (coche en haut à droite du fichier) et utiliser le bouton **Télécharger** disponible dans l'interface du site.

TABLE DES MATIERES

Qu'est-ce que PowerPoint ?

PowerPoint est un logiciel de **Pré**sentation **A**ssistée par **O**rdinateur (PREAO) proposant un ensemble d'outils nécessaires à la présentation d'un sujet : nouveau produit, plan comptable, nouvelle idée…

Les pages de présentation, appelées diapositives, peuvent contenir du texte, des tableaux et des graphiques, des dessins ou des images et même des vidéos.

Souvent projetées sur grand écran à l'attention de l'assistance, les diapositives peuvent également être imprimées sous différents formats.

PowerPoint est un programme développé et commercialisé par la société *Microsoft*. PowerPoint s'achète souvent en même temps que d'autres programmes de Microsoft (traitement de texte Word, tableur Excel…) et à ce titre, il fait partie de ce que l'on appelle le "*pack Microsoft Office*" ou encore "*Office 2013*" ou "*Office 2016*" selon la version.

Notez ci-dessous l'image, ou icône, qui symbolise PowerPoint sur un ordinateur :

De même, les fichiers créés par PowerPoint sont symbolisés par le même icône en forme de **P** sur fond rouge ; dans l'image ci-dessous, vous pouvez voir deux fichiers PowerPoint parmi des fichiers Word ou Excel.

- Contrat type.docx
- Etat des commandes 2015.xlsx
- Etat des commandes 2016.xlsx
- Normal template.pptx
- Nouveaux locaux.pptx
- Programme de cours 2014.docx

Lancer et quitter PowerPoint

Lancer PowerPoint

Lorsque vous allumez un ordinateur, le logiciel PowerPoint n'est pas immédiatement disponible à l'écran. C'est normal, puisque vous pourriez avoir allumé votre ordinateur pour bien autre chose que travailler une présentation, comme par exemple réaliser un tableau ou surfer sur Internet.

C'est donc à vous de demander à lancer PowerPoint si vous souhaitez vous en servir.

- Cliquez en bas à gauche de l'écran sur le bouton *Démarrer*   ou   de *la barre des tâches Windows*
- Dans la liste qui s'affiche au-dessus du bouton *Démarrer*, cliquez sur le programme

PowerPoint

Si PowerPoint n'apparaît pas dans le liste (ce qui signifie qu'il n'a jamais encore été lancé), procédez comme suit :

- Cliquez sur le bouton *Démarrer* puis cliquez dans la zone de recherche qui s'affiche juste au-dessus ou à la droite du bouton
- Saisissez le mot *PowerPoint* pour lancer la recherche puis cliquez sur l'icône *PowerPoint* qui s'affiche dans la liste de résultats de la recherche.

- Une fenêtre s'ouvre à l'écran, vous proposant différents modèles de présentations PowerPoint. Cliquez sur l'icône *Nouvelle présentation* pour créer une nouvelle présentation vierge.

- Un nouveau fichier est créé, avec une première diapositive affichée :

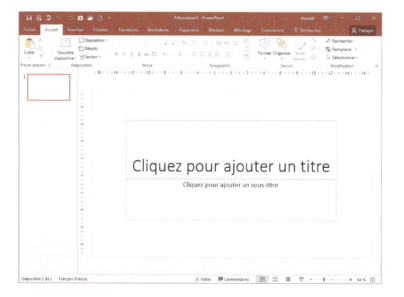

Quitter PowerPoint

Nous allons apprendre maintenant à refermer cette fenêtre. Remarquez les trois boutons  affichés en haut à droite de la *Barre de titre* de la fenêtre. Cliquez sur le bouton en forme de croix ☒ pour refermer la fenêtre et quitter PowerPoint.

Voyons à présent une seconde méthode généralement disponible pour démarrer PowerPoint.

Lancer PowerPoint par un raccourci

Bien souvent, les informaticiens chargés d'installer les programmes sur l'ordinateur auront fait en sorte que vous y trouviez un *raccourci* pour lancer plus rapidement ceux que vous utilisez souvent.

Donc, cherchez l'icône de PowerPoint 📇 en bas de votre écran, sur la *barre des tâches Windows* qui s'affiche sur la droite du bouton *Démarrer.* Si vous visualisez l'icône, cliquez simplement une fois dessus pour démarrer PowerPoint.

A noter que vous pouvez également trouver l'icône de PowerPoint sur le *Bureau Windows*, à savoir le premier écran affiché au démarrage de l'ordinateur.

Quitter PowerPoint

Quelle que soit la méthode d'ouverture choisie, la fenêtre PowerPoint s'ouvre. Cette fois encore, nous ne sommes pas prêts à commencer notre saisie ; cliquez sur la croix ✖ en haut à droite pour refermer la fenêtre sans rien modifier.

Comme nous l'avons vu, il est très simple de quitter PowerPoint en cliquant sur le bouton de fermeture ✖ . Nous allons maintenant tester une autre méthode : bien sûr, pour ce faire, il nous faut à nouveau lancer PowerPoint (utilisez pour cela l'une des méthodes expliquées ci-dessus). Créez un nouveau fichier puis, une fois le fichier affiché à l'écran, effectuez l'opération suivante :

- Repérer en haut à gauche de la fenêtre l'onglet *Fichier*.

- Cliquez dessus, puis dans la liste qui s'affiche à l'écran, cliquez sur ▭ Fermer

 *Pour les fans des raccourcis clavier, la combinaison de touches **Alt + F4** permet également de refermer la fenêtre PowerPoint (maintenez la touche **Alt** enfoncée et appuyez brièvement sur la touche de fonction **F4**).*

Laissez votre nouvelle présentation ouverte à l'écran.

La fenêtre PowerPoint

Nous sommes prêts à commencer à étudier notre programme. Utilisez la méthode de votre choix pour relancer PowerPoint et créer un nouveau fichier vierge. Il nous faut maintenant regarder de plus près la fenêtre PowerPoint avant de nous lancer dans la saisie de notre première diapositive.

La fenêtre ci-dessous présente une présentation déjà travaillée, votre affichage sera sensiblement différent puisque vous n'avez encore qu'une seule diapositive vierge.

Vous remarquerez que la fenêtre ci-dessous comporte plusieurs sections :

- le haut de la fenêtre, qui contient le ruban sur lequel se trouvent tous les outils nécessaires pour travailler
- la partie centrale, qui affiche la diapositive telle qu'elle sera projetée ou s'imprimera
- le volet de navigation à gauche, qui affiche les diapositives en miniature
- le volet des commentaires en bas

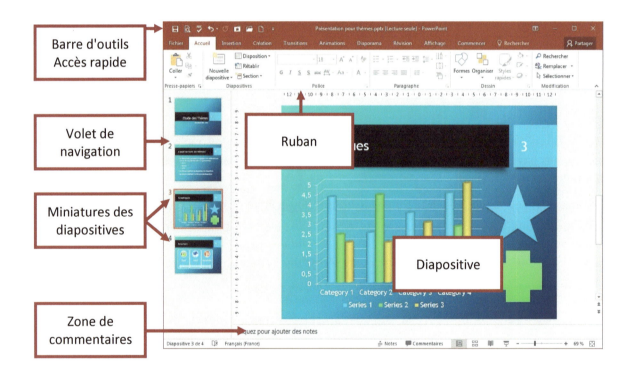

Ajuster la taille des différentes zones de la fenêtre

La division de l'écran PowerPoint et modulable et vous pouvez modifier la taille des deux volets d'un simple cliquer-glisser. Commençons par la taille du volet de navigation à gauche de l'écran : à l'aide de votre souris, visez la bordure grisée qui délimite la droite du volet. Lorsque votre pointeur souris prend la forme ⟺, cliquez-glissez vers la gauche pour rétrécir ou vers la droite pour agrandir la largeur du volet.

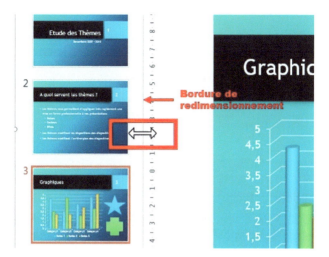

Procédez de même pour la hauteur du volet des notes (ou zone de commentaires) en-dessous de la

diapositive : visez la bordure grisée en haut de la zone et lorsque votre souris prend la forme ⇕, cliquez-glisser vers le haut pour augmenter la hauteur, vers le bas pour la diminuer.

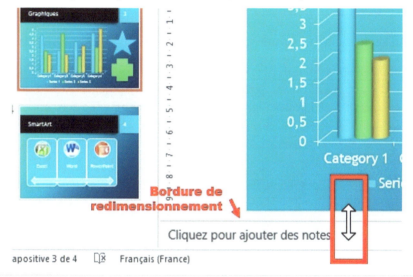

 Il se peut que les volets soient complètement réduits et donc masqués à l'écran. Dans ce cas, la bordure reste quand même visible à l'extrême gauche de l'écran ou tout en bas de la diapositive. Il vous suffit de viser cette bordure et de cliquer-glisser vers la droite ou vers le haut pour faire réapparaître le volet.

Faites-en vous-même l'expérience en masquant l'un et l'autre des volets avant de les réafficher pour revenir à un affichage semblable à celui représenté dans la fenêtre ci-dessus.

Ajuster le zoom d'affichage à la taille de la diapositive

Nous venons de le voir, la taille des volets de navigation et de commentaire est ajustable. Mais en cas de changement, il est préférable que la taille de la diapositive elle-même s'ajuste automatiquement en fonction de l'espace qui lui reste.

Pour ce faire, cliquez tout simplement sur le bouton *Ajuster* dans la barre d'outils *Zoom* qui se trouve en bas à droite de votre écran

 Pour du travail de haute précision ou si vous préférez voir le contenu de votre diapositive de plus près, utilisez dans ce cas le zoom d'affichage en choisissant un pourcentage plus élevé

Le ruban et ses onglets

Le *ruban*, qui s'étale sur toute la largeur de la fenêtre, est composé de plusieurs *onglets*, depuis l'onglet *Fichier* jusqu'à l'onglet *Affichage* ou *Développeur* selon le cas. Chaque onglet contient des outils permettant de travailler les diapositives, soit au niveau de leur aspect, soit au niveau de leur impression, soit encore pour y ajouter des images ou des graphiques.

Pour vous simplifier la recherche du bon outil, ces derniers sont regroupés par finalité. Ainsi, vous trouverez dans l'onglet *Accueil*, le plus utilisé de tous, les commandes qui vous permettront d'embellir vos textes, tandis que l'onglet *Insertion* vous permettra d'ajouter un tableau, une image ou un graphique à votre diapositive.

Vous apprendrez à les connaître et les utiliser au fur et à mesure que vous avancerez dans ce manuel.

Pour l'instant, contentez-vous de visiter les onglets en cliquant (un simple clic suffit) par exemple sur les plus importants d'entre eux : l'onglet *Accueil* bien sûr, puis l'onglet *Insertion,* puis l'onglet *Création* et enfin l'onglet *Affichage* (vous pouvez ignorer les autres, qui ne vous concerneront que bien plus tard).

Réduire / Développer le ruban

Le ruban est indispensable pour travailler vos tableaux. Vous pouvez malgré tout choisir de le masquer partiellement (par exemple pour visualiser davantage de données à l'écran) en masquant ses boutons.

Pour ce faire, cliquez sur le bouton *Réduire* ^ visible tout à fait à droite du ruban.

Une fois réduit, le ruban prend l'aspect suivant :

Après réduction, seuls les onglets du ruban restent visibles. Pour accéder aux boutons, vous devez cliquer sur l'onglet correspondant, qui affichera provisoirement son contenu avant de se réduire à nouveau.

Pour redévelopper le ruban, cliquez sur le bouton *Options d'affichage du ruban*  situé en haut à droite de la fenêtre et choisissez *Affichez les onglets et commandes.*

 Veillez à n'effectuer qu'un simple clic lorsque vous changez d'onglet. En effet, un double-clic revient à demander la réduction du ruban. Si le ruban est déjà réduit, double-cliquer à nouveau sur un onglet pour réafficher le ruban complet.

Portez maintenant votre regard sur la gauche du ruban : vous y trouvez l'onglet *Fichier.* Cliquez dessus pour afficher la liste des options qui vous permettront de gérer le fichier lui-même et non pas son contenu.

Ainsi, vous trouverez la commande permettant d'enregistrer votre présentation, celle vous permettant de l'imprimer ou encore celle par laquelle vous pourrez l'envoyer par messagerie. Vous y trouverez aussi moyen de créer une nouvelle présentation ou de rouvrir une présentation déjà créée.

La barre d'outils Accès rapide

La *barre d'outils Accès rapide* est la barre d'outils personnalisable qui contient une série de boutons toujours visibles quel que soit l'onglet du ruban affiché. Par défaut, la barre ne contient que quatre boutons visibles (*Enregistrer*, *Annuler* et *Refaire et Lancer le diaporama*), mais vous pouvez y ajouter les commandes que vous utilisez le plus souvent, tels que *Aperçu avant impression*, *Nouveau, Ouvrir*…

Pour ajouter un bouton, cliquez sur la flèche à droite de la barre et cliquez directement sur le bouton à ajouter ou sur *Autres commandes* pour accéder à la liste de tous les boutons.

 Pour ajouter rapidement un bouton visible dans un onglet du ruban, cliquez droit sur le bouton et choisissez **Ajouter à la barre d'outils Accès rapide**. *Pour l'en retirer, cliquez droit dessus et choisissez* **Supprimer de la barre d'outils Accès rapide**.

Les espaces de saisie sur la diapositive

Nous allons maintenant nous intéresser aux fichiers PowerPoint, que l'on appelle des *Présentations*. Les présentations contiennent non pas des pages (comme pour Word) ou des feuilles (comme pour Excel) mais des *diapositives*. Voyons cela de plus près.

Si ce n'est pas déjà fait, créez une nouvelle présentation PowerPoint vierge :

- Lancez PowerPoint par la méthode de votre choix
- Dans la fenêtre qui s'affiche, cliquez sur le bouton *Nouvelle présentation* pour créer un nouveau fichier

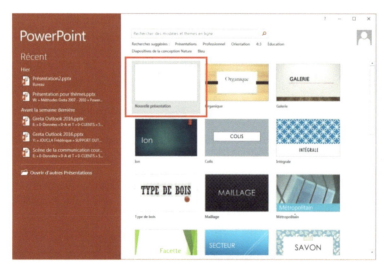

- La présentation est créée et l'écran suivant s'affiche :

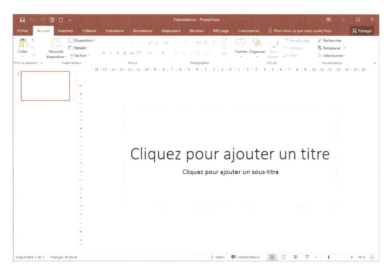

Une première diapositive est automatiquement créée par PowerPoint en même temps que la nouvelle présentation. Le mot « diapositive » peut sembler déroutant, mais considérez simplement qu'il s'agit d'une planche, ou d'une page, sur laquelle vous allez pouvoir ajouter le texte, les tableaux ou les graphismes qui vous aideront à présenter votre sujet.

Vous créerez autant de diapositives que besoin dans votre présentation, le contenu de chaque diapositive étant géré de façon totalement indépendante des autres diapositives.

Revenons à notre diapositive actuelle. Il s'agit de la première diapositive de la présentation et donc un peu particulière car elle est censée ne contenir que le titre de la présentation. C'est assez logique car généralement, le premier écran (ou la première page imprimée) d'une présentation présente effectivement le sujet qui sera abordé.

Sur cette diapositive de disposition *Diapositive de Titre* (nous reviendrons plus tard sur le sujet des dispositions) ne sont donc proposés que deux espaces de saisie distincts, le premier pour le titre, le second pour un sous-titre éventuel.

- Cliquez dans le premier espace et saisissez le titre **Découverte de PowerPoint**.
- Cliquez dans l'espace du sous-titre en-dessous et saisissez "**Niveau Initiation**" puis appuyez sur *Entrée* au clavier pour aller à la ligne car nous voulons effectuer une autre saisie dans la zone.

Il s'agit de la date du jour, mais nous voulons qu'elle se mette à jour automatiquement à chacune de nos présentations ou de nos impressions :

- Cliquez sur l'onglet *Insertion* puis sur le bouton *Date et heure* du groupe *Texte*.
- Dans la fenêtre qui s'affiche, sélectionnez le format de date voulu (par exemple la date en toutes lettres)
- Cochez l'option *Mise à jour automatique* pour que la date s'actualise chaque jour
- Validez par le bouton *OK.*

Annuler et Refaire

Quelles que soient les erreurs que vous commettrez dans votre document durant vos manipulations, il en est peu qui soient irrémédiables si vous pensez à utiliser le bouton « magique » d'annulation

.

Ce bouton, que vous trouverez dans la barre d'outils *Accès rapide*, vous permet d'annuler toute action sur la diapositive que vous auriez commise par erreur.

Vous venez d'ajouter du texte à votre diapositive. Si vous cliquez une fois sur le bouton *Annuler*, vous verrez que PowerPoint annule votre dernière action, c'est-à-dire l'insertion de la date. Si vous cliquez à nouveau sur le bouton, PowerPoint annule l'action précédente, à savoir la saisie du texte **Niveau Initiation**. Encore un clic et cette fois c'est **Découverte de PowerPoint** qui s'annule.

Maintenant, le bouton d'annulation apparaît en grisé : cela signifie qu'il est inutilisable, inutile donc de cliquer dessus (normal, il n'y a plus aucune action à annuler).

A l'inverse, un autre bouton pourrait vous être utile : celui qui vous permet de rétablir ce que vous venez d'annuler. Il s'agit du bouton *Refaire* ou *Rétablir*. Si vous cliquez une fois dessus, PowerPoint rétablit votre texte **Découverte de PowerPoint**, deux autres clics et vous voici revenu à votre diapositive telle qu'elle se présentait avant les annulations.

En résumé, n'hésitez pas : que ce soit pour annuler une erreur ou pour faire des tests, ces deux boutons peuvent vous rendre bien des services.

Si vous avez de nombreuses manipulations à annuler, vous pouvez cliquer sur la flèche déroulante du le bouton Annuler et cliquer directement sur la plus ancienne des actions à annuler dans la liste qui s'affiche.

A noter que le bouton Refaire se transforme automatiquement en bouton Répéter lorsque vous travaillez ; il vous permet alors de refaire rapidement votre dernière manipulation.

Enregistrer une présentation

En informatique, tout ce qui se crée doit être sauvegardé par un *enregistrement* sous peine d'être perdu à jamais. Schématiquement, enregistrer consiste à « graver » sur un support physique bien concret (disque dur, clé USB, CD...) ce qui « flotte » on ne sait trop où dans votre ordinateur. C'est un peu la différence que l'on pourrait faire entre la parole et un écrit (vous savez, l'une qui s'envole et l'autre qui reste ?)

Ici, nous venons tout juste de créer notre fichier et il n'a donc jamais été enregistré. Il va nous falloir indiquer deux informations :
- **l'endroit** où nous souhaitons stocker notre fichier (dans quel dossier), ce qui nous permettra de savoir où aller le chercher quand nous l'aurons refermé et voudrons le rouvrir
- quel **nom** nous voulons lui donner, ce qui nous permettra de l'identifier et le distinguer des autres fichiers

Comme vous pouvez l'imaginer, chaque information est importante et il vous revient de veiller à ne pas enregistrer votre fichier n'importe où et sous n'importe quel nom, sous peine de ne plus le retrouver la prochaine fois que vous voudrez l'ouvrir.

Si vous suivez cette procédure dans le cadre d'une formation en salle, nous vous rappelons que vous avez normalement créé un dossier de rangement à votre nom sur le réseau.

Enregistrer une nouvelle présentation

Votre fichier avec sa première et unique diapositive est bien ouvert à l'écran. Pour l'enregistrer, procédez comme suit :

- Cliquez sur l'onglet *Fichier*, puis cliquez sur *Enregistrer* dans la colonne de gauche
- Une première fenêtre d'enregistrement s'ouvre à l'écran. Cliquez une fois sur *Ordinateur* ou sur *Ce PC* puis le bouton *Parcourir*.

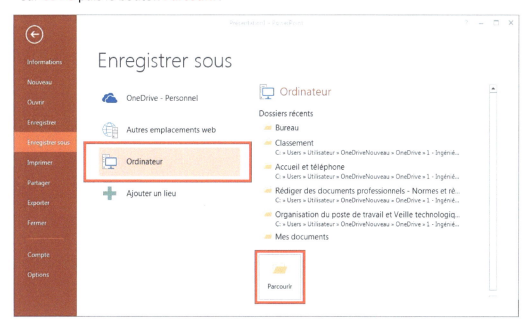

 L'enregistrement peut également être lancé d'un simple clic sur le bouton Enregistrer  *de la barre d'outils* Accès rapide *située sur la gauche et au-dessus du ruban.*

- Une seconde fenêtre s'affiche :

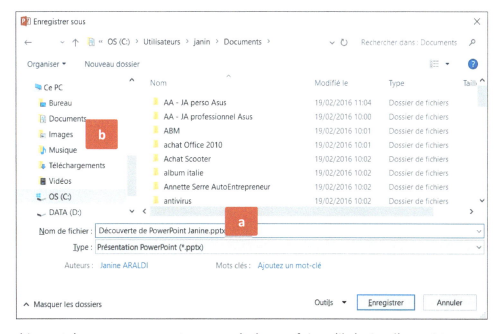

Observez bien cet écran, que vous retrouverez à chaque fois qu'il s'agira d'enregistrer une nouvelle présentation pour la première fois :

- Le nom du fichier doit être saisi dans la zone *Nom de fichier*  ; effacez le nom automatiquement proposé par PowerPoint et saisissez **Découverte de PowerPoint** suivi de votre prénom.
  Le nom du fichier sera donc Découverte de PowerPoint VotrePrénom.
- Vous devez maintenant utiliser la liste de gauche pour sélectionner le *dossier de rangement* dans lequel doit être rangé votre fichier :

  ▪ Descendez dans la liste des dossiers à gauche  jusqu'à visualiser le lecteur voulu et cliquez dessus.
  ▪ Dans la partie droite de la fenêtre, cherchez le dossier dans lequel vous voulez enregistrer et double-cliquez dessus ; vérifiez que votre double-clic a bien fonctionné et que votre dossier figure bien dans la ligne d'adresse en haut de la fenêtre

- Une fois le nom et l'emplacement corrects, vous pouvez valider vos choix en cliquant sur le bouton *Enregistrer* de la fenêtre d'enregistrement, qui se refermera aussitôt.

- De retour sur la fenêtre de votre présentation, regardez en haut dans la barre de titre de la fenêtre. Le nom que vous venez de donner à votre fichier apparaît, suivi du nom du programme utilisé.

Le premier enregistrement n'est que le premier pas : après cela, il vous faudra régulièrement enregistrer de nouveau votre présentation lorsque vous lui apporterez des modifications. Ajoutez par exemple votre prénom précédé d'un tiret à la suite de la date.

Découverte PowerPoint

Niveau Initiation
jeudi 10 mars 2016 - Janine

Enregistrer une présentation existante

Si vous avez apporté des modifications à votre présentation après l'avoir enregistrée une première fois, vous voudrez alors l'enregistrer de nouveau pour ne pas perdre vos nouvelles modifications. Réenregistrer la présentation PowerPoint se déroule exactement de la même façon que pour le premier enregistrement : vous pouvez passer par la commande *Enregistrer* du ruban (onglet *Fichier*) ou par le bouton *Enregistrer* de la barre d'outils *Accès rapide*.

Cependant, après le premier enregistrement, PowerPoint n'ouvre plus la boîte de dialogue d'enregistrement mais effectue immédiatement et sans confirmation l'enregistrement de la nouvelle version de votre présentation à la place de l'ancienne version.

Cliquez par exemple sur le bouton *Enregistrer* de la barre d'outils *Accès rapide* pour réenregistrer votre présentation. Comme vous pouvez le constater, PowerPoint se contente d'enregistrer sans ouvrir la fenêtre d'enregistrement.

Enregistrer au format PDF

Il est de plus en plus fréquent que nos fichiers soient transférés à d'autres personnes via la messagerie. Cependant, rien n'indique que la personne à qui vous l'envoyez dispose bien de PowerPoint. Dans ce cas, il peut être intéressant de créer un autre fichier de type *PDF*, qui se créera en reprenant exactement l'aspect de votre présentation telle qu'elle serait imprimée. Voici comment procéder :

- Dans l'onglet *Fichier*, cliquez sur *Exporter*
- Cliquez sur *Créer un document PDF/XPS*
- Cliquez sur le bouton *Créer PDF/XPS*

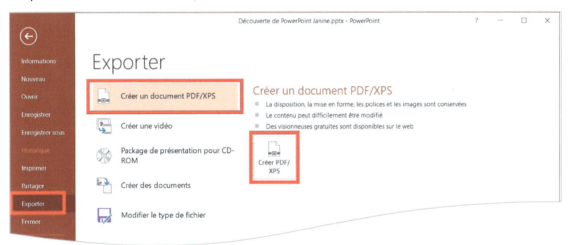

- Saisissez le nom du fichier à créer et choisissez son emplacement avant de cliquer sur le bouton
Publier

Si vous voulez juste envoyer votre fichier par messagerie sans en conserver une copie ailleurs que dans votre message, vous pouvez dans ce cas choisir la procédure suivante : dans l'onglet *Fichier*, cliquez sur *Partager* puis sur *Courrier électronique* et enfin sur *Envoyer en tant que PDF*. Un nouveau message se crée, contenant déjà votre fichier au format PDF en pièce jointe.

Les diapositives

La première diapositive de notre présentation Découverte PowerPoint s'est créée toute seule. Pour la seconde, nous allons devoir agir nous-même.

Mais avant de nous précipiter pour chercher le bon bouton, réfléchissons : la première diapositive était censée contenir le titre de notre présentation mais la suivante ? Contiendra-t-elle plutôt du texte, un tableau, une image ? Et s'il s'agit de texte, y aura-t-il deux textes côte à côte sur la diapositive ? Ou peut-être un tableau à gauche et un graphique à droite ? Ou même juste un titre en haut de la diapositive et trois dessins en-dessous ?

Bref, les possibilités sont nombreuses. Et utiliser judicieusement (et harmonieusement) l'espace disponible sur une diapositive n'est pas aussi évident qu'il pourrait paraître de prime abord. Heureusement, nous allons pouvoir nous faire aider par PowerPoint, grâce aux différentes *Dispositions* qu'il peut nous proposer dès la création d'une nouvelle diapositive.

Créer une diapositive

- Dans l'onglet *Accueil*, cliquez sur la partie inférieure du bouton *Nouvelle diapositive*.

- Une liste de *dispositions* s'affiche :

Les dispositions de diapositives

La liste qui s'affiche lorsque vous cliquez sur la partie inférieure du bouton *Nouvelle diapositive* propose les diverses possibilités de *dispositions* proposées par PowerPoint.

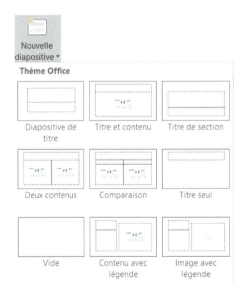

 A noter que si vous cliquez sur la partie supérieure du bouton Nouvelle diapositive, vous créez une diapositive de disposition identique à la diapositive précédente

Pour notre diapositive, nous allons utiliser la disposition *Titre et contenu*. Cliquez dessus pour créer la nouvelle diapositive.

Comme vous le voyez, et comme son nom l'indique, la disposition *Titre et contenu* prévoit une zone de saisie pour un titre et une zone de contenu susceptible d'accueillir l'un des éléments suivants :

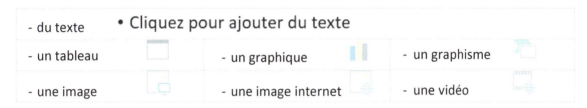

- du texte		• Cliquez pour ajouter du texte			
- un tableau		- un graphique		- un graphisme	
- une image		- une image internet		- une vidéo	

La saisie du texte

Commençons par nous occuper du titre (à noter que sauf exception, chaque diapositive de la présentation devrait disposer d'un titre indiquant son sujet). Cliquez sur la zone de titre pour y positionner votre curseur et saisissez le texte **Définition de PowerPoint**.

Restez un instant sur la zone de titre et regardez la taille de la police : normalement, PowerPoint propose la taille **44** pour les titres. C'est une taille élevée mais ce n'est pas surprenant lorsqu'il s'agit de PowerPoint, dont le texte est censé rester parfaitement lisible même sur un grand écran éloigné de l'assistance.

Cliquez sur un espace vide de la diapositive pour quitter la zone de saisie du titre. Comme vous le voyez, la bordure autour du titre n'est qu'une indication visuelle et disparaît sitôt que vous quittez la zone. Pour la faire réapparaître, cliquez à nouveau sur le texte de votre titre.

Les zones de puces

Voyons à présent la zone de contenu en-dessous. Pour cette diapositive, nous voulons saisir du texte. Nous allons donc cliquer sur la ligne ⸱ Cliquez pour ajouter du texte .

A noter que la ligne proposée est d'emblée formatée avec un symbole de puce (un rond noir) en début de ligne. Surtout ne l'effacez pas, nous apprendrons plus tard comment le gérer.

Saisissez **Programme Microsoft (Bill Gates)** et appuyez sur la touche *Entrée* au clavier. Un nouveau paragraphe de puce se crée. Saisissez **Programme de PréAO** puis appuyez sur *Entrée* à nouveau pour créer notre troisième paragraphe.

Les niveaux de liste

Nous allons poursuivre notre saisie, mais nous voulons que notre troisième ligne soit un sous-paragraphe de **Programme de PréAO**. Dans l'onglet *Accueil*, groupe *Paragraphe,* cliquez sur le bouton *Augmenter le niveau de liste* .

PowerPoint décale aussitôt la troisième ligne pour en faire un sous-paragraphe. Saisissez le texte **Présentation Assistée par Ordinateur**.

Appuyez sur *Entrée* au clavier et saisissez **Support durant un exposé**, puis *Entrée*.

Nous voulons à nouveau augmenter le niveau de puce et créer un sous-paragraphe : cliquez à nouveau sur le bouton *Augmenter le niveau de liste* . PowerPoint crée un 3ème niveau de paragraphe. Saisissez le texte **Visuel (diaporama)**, appuyez sur *Entrée*, saisissez **Papier (documents imprimés)** et appuyez sur *Entrée*.

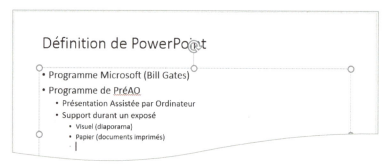

Cette fois, il s'agit de revenir à un niveau supérieur de paragraphe pour la suite de notre texte. Cliquez sur le bouton *Réduire le niveau de liste* : PowerPoint revient au même niveau que **Support durant un exposé**, ce qui nous suffit. Saisissez **Diversité des outils utilisables** et appuyez sur *Entrée* à nouveau.

Cliquez à nouveau sur le bouton *Augmenter le niveau de liste* pour créer un 3ème niveau de paragraphe. Saisissez **Images et dessins**, appuyez sur *Entrée* et saisissez **Tableaux et graphiques**.

Et voilà qui est fait, la saisie du texte de notre diapositive est terminée.

Si vous voulez rapidement créer un sous paragraphe, vous pouvez utiliser la touche Tabulation du clavier à la place du bouton Augmenter le niveau de liste.
Pour remonter rapidement à un niveau supérieur de paragraphe, appuyez sur la touche clavier Tabulation tout en maintenant la touche Majuscule enfoncée

Peut-être l'aspect du texte ne vous convient-il pas : vous préféreriez des puces carrées et la police Arial ? Que les titres soient alignés à gauche et en bleu ? Ce n'est pas le moment de vous en occuper, car vous voudrez que toutes les diapositives adoptent une mise en forme homogène sans avoir à changer diapositive par diapositive.
Nous verrons très vite comment faire en sorte que nos changements de mise en forme s'appliquent sur l'ensemble des diapositives de la présentation.

Créons maintenant notre troisième diapositive. Comme précédemment, déroulez le bouton *Nouvelle diapositive* de l'onglet *Accueil* et cliquez à nouveau sur la disposition *Titre et contenu*.

Saisissez le texte suivant :

Oups, quelle erreur ! Nous voulions en fait créer deux colonnes de texte et non une seule. Pas de panique, rien de plus simple que de changer la disposition d'une diapositive.

Changer la disposition de la diapositive

- Dans l'onglet *Accueil*, groupe *Diapositives*, déroulez le bouton *Disposition* [⊞ Disposition ▾] : vous retrouvez les différentes dispositions proposées par PowerPoint lors de la création des diapositives.

- Cliquez sur la disposition *Deux contenus* pour l'appliquer à la diapositive en cours, qui se met à jour aussitôt.

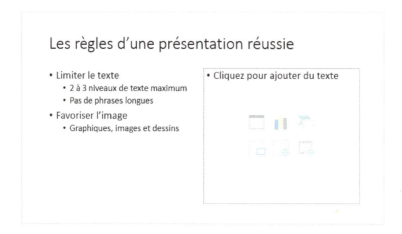

Saisissez le texte suivant dans la zone de droite :

- Choisir le bon thème
- Limiter et harmoniser les couleurs
  - Utiliser les jeux de couleurs
  - Eviter trop de dégradés
  - Attention aux contrastes
- Gagner du temps à l'aide du masque

Et si nous voulions encore autre chose sur notre diapositive ? Une image ou un dessin par exemple ?

Là non plus, aucun problème. Ce n'est pas parce que nous avons opté pour une disposition à deux contenus que ce choix nous limite : nous pouvons utiliser l'onglet *Insertion* pour ajouter un élément à notre diapositive. Ce sera simplement à nous de lui trouver une place adéquate dans l'espace de la diapositive.

Faisons le test :

- Dans l'onglet *Insertion* du ruban, groupe *Illustrations*, déroulez le bouton *Formes* ⬨ Formes ▾ et cliquez une fois sur le bouton *Flèche droite* ⬜⇨ pour l'activer

- Visez la zone vide en bas de la diapositive et avec le bouton gauche de la souris, cliquez et glissez sans relâcher pour tracer la flèche à la taille voulue.

  Lorsque la flèche a atteint la taille souhaitée, relâchez le bouton de la souris.

Les règles d'une présentation réussie

- Limiter le texte
  - 2 à 3 niveaux de texte maximum
  - Pas de phrases longues
- Favoriser l'image
  - Graphiques, images et dessins

- Choisir le bon thème
- Limiter et harmoniser les couleurs
  - Utiliser les jeux de couleurs
  - Eviter trop de dégradés
  - Attention aux contrastes
- Gagner du temps à l'aide du masque

Dupliquer une diapositive

Si une diapositive à créer ressemble à une diapositive existante, pourquoi ne pas la dupliquer ? Cliquez droit sur la miniature de la dernière diapositive dans le volet de navigation à gauche de l'écran et cliquez sur *Dupliquer la diapositive.*

C'est fait, la diapositive est recopiée à l'identique.

Déplacer une diapositive

Pour déplacer une diapositive, vous pouvez tout simplement cliquer-glisser sur sa miniature dans le volet de navigation à gauche de l'écran. Lorsqu'un trait horizontal apparaît entre deux diapositives miniatures, relâchez le bouton de la souris.

Déplacer la copie de la diapositive *Les règles d'une présentation réussie* en première position dans la liste des diapositives.

Supprimer une diapositive

Pour supprimer une diapositive, cliquez droit sur sa miniature dans le volet de navigation et cliquez sur la commande *Supprimer la diapositive* | Supprimer la diapositive |.

Plus simplement encore, vous pouvez également utiliser la touche *Suppr* du clavier après avoir cliqué sur la miniature.

Par la méthode de votre choix, supprimez la diapositive dupliquée.

Enregistrez et refermez votre présentation | Découverte de PowerPoint VotrePrénom |.

Modifier la taille des diapositives

Selon que votre présentation sera imprimée, diffusée sur un écran de télévision ou sur par un vidéoprojecteur, vous aurez peut-être avantage à modifier la taille des diapositives de votre présentation.

Attention cependant, les objets que vous aurez déjà insérés sur vos diapositives (images, tableau, dessins...) seront impactés par le changement de taille ; mieux vaut donc décider très tôt quelle taille conviendra le mieux.

- Dans l'onglet *Création*, groupe *Personnaliser*, cliquer sur le bouton *Taille des diapositives* et choisissez la taille voulue.

- La fenêtre ci-dessous s'affiche à l'écran, sélectionner l'option qui convient le mieux selon le contenu de vos diapositives.

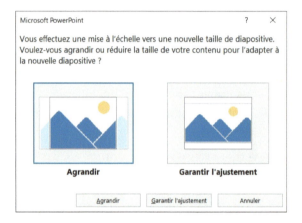

Agrandir : sélectionnez cette option pour augmenter la taille du contenu de la diapositive lorsque vous ajustez à une taille de diapositive plus grande. Quand vous sélectionnez cette option, il est possible que le contenu ne tienne pas dans la diapositive.

Garantir l'ajustement : sélectionnez cette option pour diminuer la taille du contenu de la diapositive lorsque vous ajustez à une taille de diapositive plus petite. Cette option peut faire apparaître le contenu plus petit, mais il sera affiché en entier dans la diapositive.

Exercice

Créez une nouvelle présentation vierge et choisissez la taille de diapositive Standard (4:3) puis saisissez les deux diapositives suivantes :

Diapositive n° 1 :

UNE FORMATION SUR MESURE

C'est de nous à vous

Diapositive n° 2 :

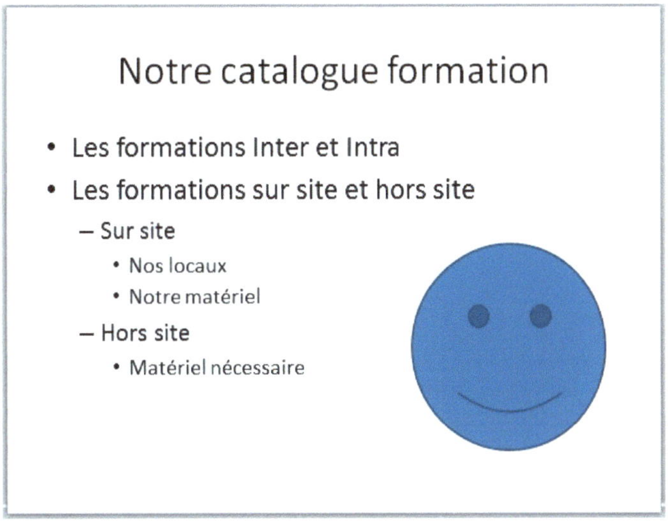

Notre catalogue formation

- Les formations Inter et Intra
- Les formations sur site et hors site
  - Sur site
    - Nos locaux
    - Notre matériel
  - Hors site
    - Matériel nécessaire

Enregistrez votre présentation dans votre dossier personnel et nommez-la Exercice 1 PowerPoint VotrePrénom.

Ajoutez une troisième diapositive avec disposition *Titre seul*, puis changez la disposition en *Comparaison*. Saisissez le texte et insérez la forme comme suit :

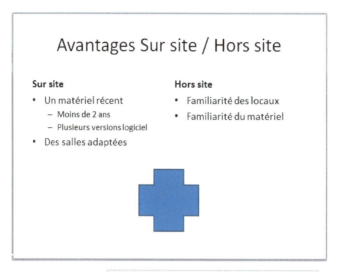

Enregistrez et refermez la présentation Exercice 1 PowerPoint VotrePrénom.

Ouvrir une présentation PowerPoint

Nous avons précédemment refermé notre présentation Découverte de PowerPoint VotrePrénom. Il s'agit à présent de la rouvrir pour continuer nos modifications.

- Cliquez sur l'onglet *Fichier* puis sur *Ouvrir*. Dans la fenêtre qui s'affiche, cliquez sur *Ordinateur* puis sur le bouton *Parcourir.*
- Dans la seconde fenêtre qui s'affiche à l'écran, utilisez la partie gauche pour accéder à votre dossier d'enregistrement et le sélectionner.
- Dans la partie droite de la fenêtre, qui affiche la liste des fichiers contenus dans le dossier sélectionné à gauche, cliquez sur votre document puis sur le bouton Ouvrir ▼ (ou double-cliquez directement sur votre document).

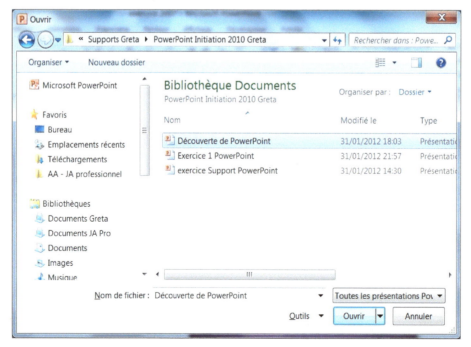

*Pour ouvrir un fichier récent, vous pouvez également utiliser la liste **Présentations (utilisation récente)** de l'onglet **Fichier**, rubrique **Ouvrir**.*

Refermez toutes les présentations ouvertes.

Créer une nouvelle présentation à l'aide d'un modèle

De nombreux modèles de présentation sont proposés au lancement de PowerPoint. Nous avons choisi pour nos deux premiers essais de ne pas les utiliser, mais cette fois nous allons prendre quelques instants pour les découvrir.

- Activez l'onglet *Fichier* et cliquez sur la rubrique *Nouveau*
- Dans la fenêtre qui s'affiche, cliquez sur l'un des modèles proposés ou utilisez la zone de recherche pour saisir un ou plusieurs mots clés qui vous permettront de rechercher d'autres modèles sur internet

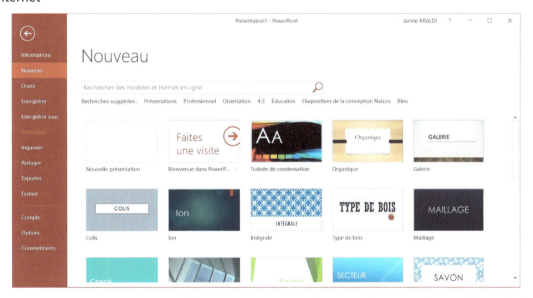

- Une nouvelle présentation est créée, reprenant toutes les caractéristiques du modèle utilisé.

Comme vous pouvez le constater, le choix d'un modèle modifie radicalement l'aspect des diapositives, depuis les graphismes d'arrière-plan jusqu'aux textes en passant par les couleurs. Nous retrouverons le principe des modèles lorsque nous aborderons les *Thèmes* plus loin dans ce manuel.

Pour l'instant, refermez les présentations créées à l'aide d'un modèle sans les enregistrer.

Vous avez également la possibilité de créer et utiliser vos propres modèles, procédure que nous abordons plus loin dans ce manuel.

A CE POINT DU MANUEL, REALISER DES EXERCICES DE MISE EN APPLICATION POUR VALIDER LES CONNAISSANCES ACQUISES ②

Manipuler les éléments de la diapositive

Nous l'avons vu, vos diapositives sont composées de zones appelées "espaces réservés" pour la saisie du texte ou l'insertion d'objets ; vous pouvez par ailleurs ajouter des éléments tels que des objets et, comme nous le verrons bientôt, des images, des graphiques, des tableaux...

Nous allons maintenant voir comment déplacer ou redimensionner ces différents éléments.

Pour effectuer les manipulations suivantes, ouvrez le fichier Diapositives pour manipulations et enregistrez-le dans votre dossier sous le nom Diapositives pour manipulations VotrePrénom

Sélectionner plusieurs éléments

Une diapositive PowerPoint est généralement composée de plusieurs éléments. Il est donc indispensable avant tout d'apprendre à sélectionner correctement... et rapidement ! Pour cela, plusieurs méthodes existent :

Sélection	Manipulation
Sélectionner tous les éléments de la diapositive	Ctrl A
Sélectionner plusieurs éléments	Cliquez sur le premier élément, puis maintenez la touche Majuscule enfoncée et cliquez sur chaque élément à sélectionner Ou Lorsque les éléments sont proches les uns des autres, cliquez-glissez autour des éléments à sélectionner
Sélectionner chaque élément tour à tour	Cliquez à un endroit vide de la diapositive puis appuyez sur la touche Tabulation ⇄ du clavier autant de fois que nécessaire
Sélectionner toute une zone contenant du texte	Cliquez sur le texte puis sur la bordure de la zone
Sélectionner partie du texte d'une zone de texte	Cliquez-glissez sur la partie du texte à sélectionner

Déplacer un élément

Déplacer avec la souris

Pour déplacer un élément, rien de plus facile s'il ne contient pas de texte : il suffit de viser l'élément et lorsque vous voyez le pointeur de votre souris prendre la forme , cliquez et glissez pour repositionner l'élément sur la diapositive.

- Sur la diapositive **Comment déplacer**, faites glisser la flèche bleue en-dessous de la bande rouge.

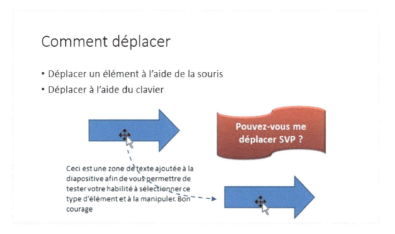

Déplacer avec le clavier

Le déplacement par le clavier peut également se faire à l'aide des *quatre flèches directionnelles*. L'utilisation du clavier permet de déplacer l'élément de façon plus précise : ainsi, si vous voulez décaler la flèche bleue vers la droite sans risquer de la décaler vers le haut ou vers le bas, utilisez la *flèche directionnelle Droite* du clavier.

- Cliquez une fois sur la flèche bleue à l'aide du pointeur pour la sélectionner
- Appuyez à plusieurs reprises sur la *flèche directionnelle Droite* du clavier pour la déplacer vers le bord droit de la diapositive.

 Pour un déplacement clavier très précis, maintenez la touche Ctrl *du clavier enfoncée en même temps que vous appuyez sur l'une des flèches directionnelles.*

 Si l'élément à déplacer contient du texte, sa sélection sera légèrement plus difficile : il vous faut dans ce cas cliquer sur le texte pour faire apparaître les bordures de l'élément, puis viser l'une des bordures jusqu'à voir apparaître le pointeur avant de pouvoir cliquer pour sélectionner l'élément.

Supprimer un élément

Sélectionnez l'élément à supprimer (pour un élément contenant du texte, cliquez bien sur sa bordure pour le sélectionner) et appuyez sur la touche *Suppr* du clavier.

Exercice

- Cliquez sur le texte de la bande rouge puis visez sa bordure pour obtenir le pointeur 🔲. Cliquez-glissez avec votre souris pour la déplacer vers la gauche de la diapositive.

- Visez le centre de la flèche bleue pour obtenir le pointeur 🔲 et cliquez une fois pour la sélectionner. Déplacez-la vers le haut à l'aide de la *flèche directionnelle Haut* du clavier pour la positionner à côté de la bande rouge.

- Cliquez sur le texte de la zone de texte "**Ceci est une zone...**" puis visez sa bordure pour obtenir le pointeur 🔲. Cliquez-glissez avec votre souris pour la déplacer plus à gauche dans la diapositive.

- Enregistrez la présentation et positionnez-vous sur la diapositive suivante **Comment redimensionner** pour la suite des manipulations.

Redimensionner un élément

Redimensionner avec la souris

Lorsque vous cliquez sur un élément de la diapositive, des bordures apparaissent comme nous l'avons déjà vu. En même temps apparaissent huit "poignées", blanches ou noires selon le cas, que nous allons utiliser pour agrandir ou rétrécir la taille de l'élément sélectionné.

Commençons par la taille de la zone de puces, que nous voulons diminuer en hauteur seulement et à partir du bas.

- Cliquez sur un des paragraphes pour faire apparaitre les bordures

- Visez la poignée située au milieu de la bordure inférieure de l'espace réservé puis, lorsque votre pointeur prend la forme 🔲, cliquez-glissez vers le haut pour diminuer la hauteur de la zone à puces.

- A présent, nous voulons augmenter très légèrement sa largeur pour éviter le retour à la ligne du mot **souris**. Visez la poignée du milieu sur la droite de la zone et cliquez-glissez vers la droite pour agrandir.

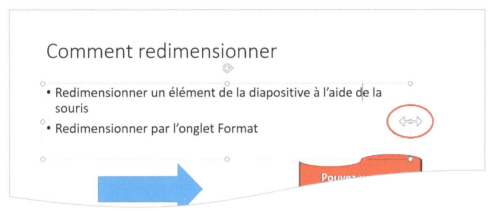

- Enfin, nous voulons redimensionner la zone de texte aussi bien en hauteur qu'en largeur : dans ce cas, vous pouvez utiliser l'une des poignées situées aux angles de la zone.

Redimensionner avec le ruban

Pour un redimensionnement à une taille très précise, vous pouvez utiliser les outils du ruban.

- Cliquez sur la flèche bleue, puis cliquez sur l'onglet contextuel *Format*, utilisez les options du groupe *Taille* pour agrandir la largeur de votre forme à 8 cm.
- Cliquez sur la bande rouge et donnez-lui la même largeur de **8** cm ; augmentez également sa hauteur à **4** cm.

Exercice

Dans la présentation Diapositives pour manipulations VotrePrénom, sélectionnez la diapositive **Les couleurs**. En vous aidant des instructions ci-après, effectuez les manipulations nécessaires pour obtenir le résultat suivant :

Positionnez et dimensionnez les éléments comme indiqué ci-contre.
Les deux zones de puces doivent avoir une hauteur de 3 cm précisément
Utilisez l'onglet contextuel Format pour vérifier la taille du cercle jaune et donner au cercle bleu la même taille. Le cercle vert doit faire 4cm

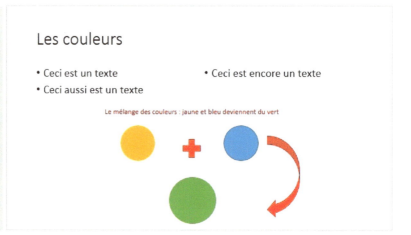

Mise en forme de la présentation

La mise en forme est souvent le moment où l'on peut perdre (ou gagner) beaucoup de temps selon la façon dont on aborde le problème et les outils employés.

Si vous abordez aujourd'hui PowerPoint, c'est que vous êtes vraisemblablement déjà passé par un apprentissage de Word et/ou d'Excel. Vous connaissez donc normalement les mises en forme classiques telles que la taille de la police, l'italique ou l'alignement centré.

Rien ne s'oppose à ce que vous utilisiez ces mises en forme sur votre diapositive, bien sûr. Mais avec PowerPoint, vous devez vous poser une question avant même de commencer : j'ai 15 (30, 50 ?) diapositives dans ma présentation, la mise en forme que je m'apprête à faire est-elle limitée à cette diapositive précise, ou doit-elle s'appliquer plus généralement à toutes les diapositives du même genre dans ma présentation ?

Par exemple, vous vous apprêtez à mettre le titre de votre cinquième diapositive en gras et en police *Monotype Corsiva*. Et les titres des autres diapositives ? Doivent-ils rester en police Calibri ? Si la réponse est oui, plus d'hésitation, mettez en forme votre diapositive tout votre content.

Dans le cas contraire, vous n'êtes pas au bon endroit : rendez-vous dans le *masque des diapositives*.

Le masque des diapositives

Le *masque des diapositives* est un outil capital de PowerPoint qui vous permettra de décider de la mise en forme des titres et des zones à puces de l'ensemble des diapositives (ou sur les diapositives de même disposition). Vous utiliserez également le masque pour ajouter des éléments (un logo par exemple) devant normalement figurer sur chaque diapositive.

Ouvrir le masque des diapositives

Tout d'abord, et par souci de précision, sachez que l'on ne crée pas un masque mais qu'on le modifie. En effet, toute présentation PowerPoint en possède déjà un, très basique pour les présentations vierges (fond blanc, police Calibri, titre à gauche taille 44, puces rondes ...).

Pour effectuer les manipulations suivantes, ouvrez le fichier Diapositives pour masque, enregistrez-le dans votre dossier sous le nom Diapositives pour masque VotrePrénom et positionnez-vous sur la deuxième diapositive.

Pour accéder au masque, activez l'onglet *Affichage* et cliquez sur le bouton *Masque des diapositives* du groupe *Mode Masques*.

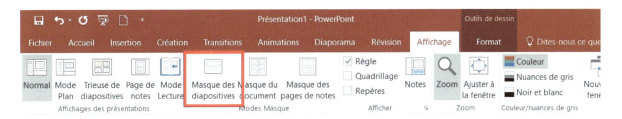

La fenêtre ci-dessous s'affiche, prenons quelques secondes pour apprendre à la reconnaître et nous familiariser avec ses outils.

Tout d'abord, PowerPoint a affiché l'onglet contextuel *Masque des diapositives*. Etrangement, et contrairement aux autres onglets contextuels, il se positionne non pas à la suite des onglets fixes mais juste à droite de l'onglet *Fichier*.

Vos diapositives avec votre texte ont disparu au profit de diapositives exemples, avec des textes exemples affichés dans les espaces réservés.

Très important, et nous y reviendrons un peu plus tard, vous trouvez dans la colonne de gauche non pas les diapositives, mais les différents *masques* et *sous-masques* de diapositives (oui, la ressemblance est trompeuse !).

Enfin, sur la droite du ruban, le bouton *Désactiver le mode Masque* vous permettra de retrouver vos diapositives.

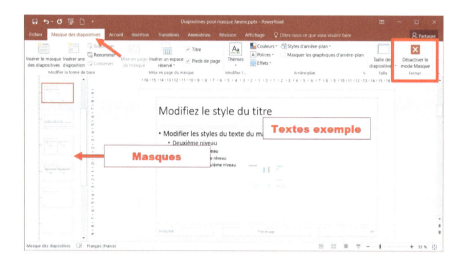

 Pour accéder plus rapidement au masque, cliquez sur le bouton d'affichage Normal dans la barre d'outils Zoom (en bas à droite de l'écran) tout en maintenant la touche Majuscule du clavier enfoncée.

Comme vous pouvez le voir, vous trouvez dans la partie centrale du masque les espaces réservés pour les titres et le zone de puces. En bas de la diapositive, vous trouvez également trois zones qui vous permettent, si vous les avez activées, de mettre en forme le numéro de page, la date et une zone de texte (voir plus loin *En-tête et pied de page*).

Observons maintenant plus attentivement la colonne de gauche.

Les miniatures que vous y trouvez correspondent aux « modèles » de diapositives (appelés *masques*) utilisés par PowerPoint lorsque vous créez vos diapositives. Toutes les différentes dispositions disponibles par le bouton *Nouvelle diapositive* de l'onglet *Accueil* y sont donc représentées : *Titre et contenu*, *Deux contenus*, *Comparaison*…

Par exemple, pointez sans cliquer un des icônes de la liste et attendez un instant : PowerPoint va vous indiquer le nom de la disposition et le numéro des diapositives auxquelles elle est appliquée.

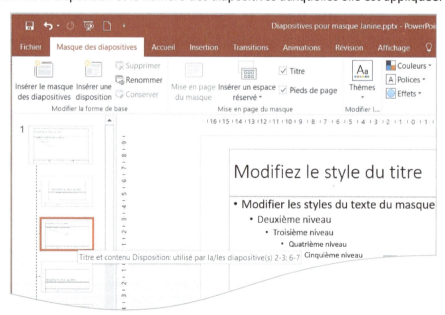

Chacun de ces masques prévoit non seulement la position des espaces réservés sur les diapositives, mais aussi la police et la taille de police, les puces de chaque niveau de texte…

Imaginons par exemple que nous voulions changer la mise en forme des diapositives *Comparaison*, dont nous voulons modifier la police des sous-titres. Cherchez dans la liste le masque des diapositives de disposition *Comparaison* et visez la miniature sans cliquer : vous constatez que ce masque est utilisé par les diapositives 4 et 7 de la présentation.

Cliquez sur le sous-titre de gauche et utilisez les boutons de l'onglet *Accueil*, groupe *Police*, pour changer sa police en *Impact*, désactiver le bouton *Gras* et choisir la couleur de police bleue.

Recommencez pour le sous-titre de la zone de droite. Vous obtenez l'effet suivant :

Allons vérifier maintenant ce qui s'est passé sur nos diapositives elles-mêmes. Pour cela, nous devons quitter le mode d'affichage *Masque des diapositives* pour revenir un mode d'affichage *Normal*.

Refermer le masque

- Cliquez donc sur l'onglet *Masque des diapositives*, puis sur le bouton *Désactiver le mode Masque* du groupe *Fermer*.

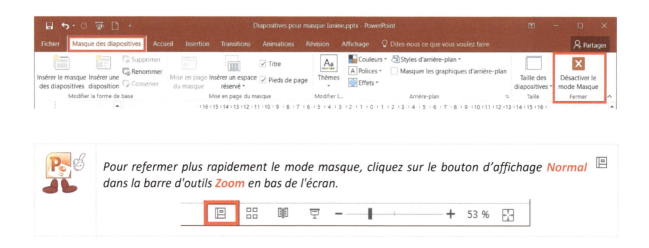

Pour refermer plus rapidement le mode masque, cliquez sur le bouton d'affichage *Normal* dans la barre d'outils *Zoom* en bas de l'écran.

Comme vous pouvez le voir, nos modifications effectuées dans le masque se sont bien répercutées sur les deux diapositives n° 4 et 7 de disposition *Comparaison*.

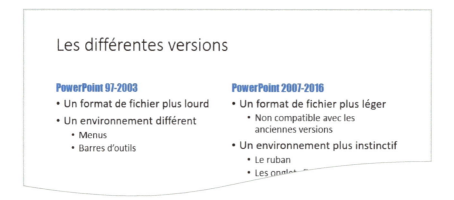

Et que se passe-t-il si nous créons une nouvelle diapositive ? Vérifions cela : déroulez le bouton *Nouvelle diapositive* de l'onglet *Accueil* et créez une nouvelle diapositive *Comparaison* ; oui, les sous-titres sont déjà mis en forme tel que nous l'avons prévu dans le masque.

A présent, imaginons que nous voulions modifier l'aspect de nos titres de diapositives, cette fois sur toutes les diapositives, quelle que soit leur disposition ?

Tout est prévu : retournez dans le masque (onglet *Affichage*, bouton *Masque des diapositives* du groupe *Mode Masques*) et cette fois, remontez en haut de la liste des miniatures sur la gauche.

Une miniature plus grande que les autres est proposée en première position. Il s'agit du « masque maître ». Ce masque principal nous permet de prévoir une modification qui se répercutera à tous les « sous-masques » et donc, par ricochet, à toutes les diapositives de notre présentation.

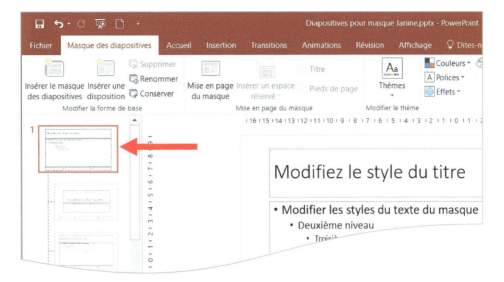

Admettons que nous voulions changer la couleur et l'alignement des titres :

- Dans le masque maître, cliquez sur la zone de titre pour la sélectionner (visez la bordure de la zone et non le texte)

- Activez l'onglet *Accueil* et dans le groupe *Police*, déroulez le bouton *Couleur de police* $\underline{A}$ et sélectionnez la couleur orange en haut de la cinquième colonne

- Cliquez sur le bouton d'alignement *Centré* $\equiv$ dans le groupe *Paragraphe* pour demander à ce que le titre s'aligne au milieu de son espace réservé.

- Observez les "sous-masques" en-dessous : ils ont automatiquement hérité d'un titre orange aligné au centre.

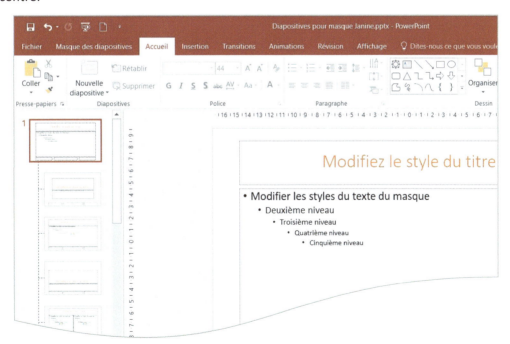

A nouveau, quittez l'affichage masque et allez vérifier vos diapositives : les titres de toutes les diapositives ont été mis en forme.

Et bien sûr, testons ce qui se passe au moment de la création de nouvelles diapositives.

- Dans l'onglet *Accueil*, visez la partie basse du bouton *Nouvelle diapositive* et créez par exemple une diapositive *Titre de section* pour vérifier que notre manipulation a bien fonctionné.

Rétablir le masque

Nous venons de le voir, le masque est un outil très pratique lorsque l'on veut prévoir un formatage commun à nos diapositives.

A l'inverse, il vous arrivera certainement de vouloir appliquer une mise en forme spécifique sur une diapositive précise : un titre un peu trop long en taille de police moins élevée par exemple, ou un mot souligné dans une liste à puces.

Aucun souci, vous en avez tout à fait le droit : le masque n'est pas prioritaire sur les mises en forme que vous effectuez en direct sur l'une ou l'autre de vos diapositives. Il n'est qu'une base, à laquelle vous pouvez déroger aussi souvent que vous le souhaitez.

Mais imaginons maintenant que vous ayez fait des modifications sur une diapositive et que vous le regrettiez ? Comment revenir rapidement à ce qui est prévu dans le masque ? Aucun problème, il vous suffit de *rétablir le masque*.

Prenons un exemple : dans la diapositive **La formation PowerPoint**, sélectionnez le paragraphe **Versions récentes** et dans l'onglet *Accueil,* groupe *Police*, activez le bouton *Souligner* $\underline{S}$ puis, dans le groupe *Paragraphe*, déroulez le bouton *Puces* ☰ ˅ pour choisir la puce ✓ .

Problème, les autres paragraphes de même niveau ne suivent pas et vous voici avec des disparités au niveau de vos mises en forme.

> ✓ <u>Versions récentes</u>
> - Version 2007 ou 2010
> - Version 2013 ou 2016
> - Un poste adapté
> - Un manuel sur mesure

Pour corriger cela, dans l'onglet *Accueil*, groupe *Diapositives*, cliquez sur le bouton *Rétablir* 🔁 Rétablir . Aussitôt, PowerPoint réapplique les mises en forme prévues par le masque de la diapositive.

> - Versions récentes
>   - Version 2007 ou 2010
>   - Version 2013 ou 2016
> - Un poste adapté
> - Un manuel sur mesure

Nous vous proposons maintenant d'étudier en détail les mises en forme disponibles dans PowerPoint, qu'elles soient appliquées dans le masque ou en direct sur les diapositives.

La mise en forme de la police

Calibri (Corps) ▾	**Bouton *Police*** La police détermine la forme des lettres. Les polices les plus couramment utilisées sont *Calibri*, *Arial* et *Times New Roman* Cliquer sur la flèche déroulante ▾ pour obtenir la liste des polices disponibles
28 ▾	**Bouton *Taille de police*** La taille détermine la hauteur et la largeur des lettres de la police sélectionnée. Dans PowerPoint, les tailles par défaut sont importantes (44 pour les titres) et, pour une zone à puces, proportionnelles au niveau du paragraphe (si vous sélectionnez la zone de texte entière, PowerPoint affichera dans ce cas la taille la plus petite suivie du signe + pour indiquer que d'autres tailles sont appliquées dans la zone 28+ ▾). Cliquer sur la flèche déroulante ▾ pour obtenir la liste des tailles
A˄ A˅	**Boutons *Augmenter la taille de police*** et bouton ***Réduire la taille de police***. Ces deux boutons sont une alternative au précédent bouton *Taille*: vous pouvez cliquer dessus autant de fois que nécessaire jusqu'à atteindre la taille voulue. Ils sont particulièrement intéressants lorsqu'il s'agit de diminuer ou d'augmenter proportionnellement les différentes tailles de texte appliquées dans une zone à puces.
A◢	**Bouton *Effacer toute la mise en forme*** Permet de revenir à du texte brut (tel que prévu par le masque)
G	**Bouton *Gras*** : le texte est plus **épais**
I	**Bouton *Italique*** : le texte est *penché*
<u>S</u>	**Bouton *Soulignement*** : le texte est <u>souligné</u>
S	**Bouton *Ombre du texte*** : un effet Ombré est appliqué au texte
a̶b̶c̶	**Bouton *Barré*** : le texte est b̶a̶r̶r̶é̶ d'un trait en son milieu
AV ▾	**Bouton *Espacement des caractères*** : permet d'étendre ou de resserrer les lettres du texte
Aa ▾	**Bouton *Modifier la casse*** Ce bouton permet de faire passer le texte sélectionné de minuscule en majuscule ou inversement (cliquer sur la flèche déroulante pour obtenir la liste des possibilités)
A ▾	**Bouton *Couleur de police*** (cliquer sur la flèche déroulante ▾ pour choisir la couleur de la police)

Vous pouvez obtenir des options de mise en forme de texte supplémentaires en cliquant sur le bouton lanceur ⌐ du groupe **Police***.*

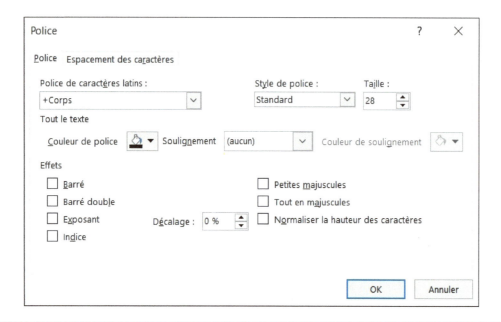

Exercice

Ouvrez le fichier Diapositives pour mise en forme et enregistrez-le dans votre dossier sous le nom Diapositives pour mise en forme VotrePrénom.

A noter que par commodité, nous allons effectuer les tests de mise en forme directement sur les diapositives, mais souvenez-vous : si nos mises en forme concernaient l'ensemble des diapositives, il nous faudrait aller dans le masque.

Sélectionnez la diapositive n°2, **Notre catalogue de formation** et effectuez les mises en forme indiquées ci-dessous soit par les boutons du ruban, soit par la boite de dialogue *Police*.

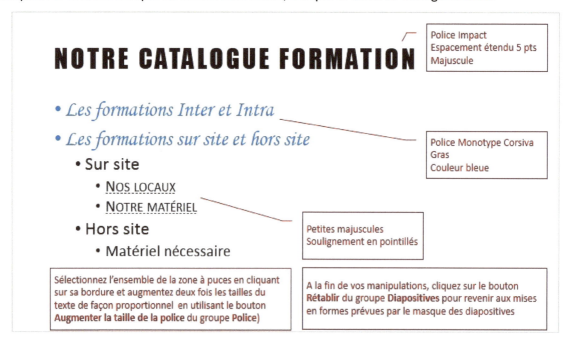

La mise en forme des paragraphes

	Bouton *Puces* et bouton *Numérotation.* (cliquez sur la flèche déroulante ▾ pour choisir le symbole)
	Bouton *Réduire le niveau de liste* et *Augmenter le niveau de liste* : pour hiérarchiser les paragraphes d'une zone à puces
	Bouton *Interligne :* modifier l'espace entre les lignes
	Boutons d'alignement horizontal *Gauche, Centré, Droite et Justifié*
	Bouton *Colonnes* : permet de présenter un texte sur plusieurs colonnes (journal)
	Bouton *Orientation du texte* : pour faire pivoter le texte
	Bouton *Aligner le texte* : choix de l'orientation verticale du texte dans son espace réservé
	Bouton *Convertir en graphique SmartArt* : permet de créer rapidement un objet SmartArt à partir du texte sélectionné

Vous pouvez obtenir des options de mise en forme supplémentaires de texte en cliquant sur le bouton lanceur ⌐ du groupe Paragraphe.

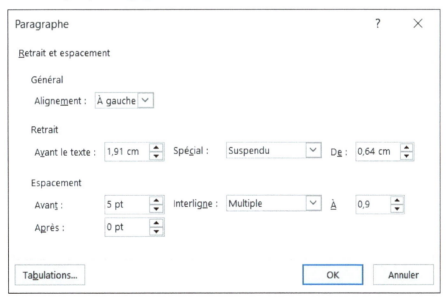

Pour une mise en forme précise des paragraphes, pensez à demander l'affichage de la règle : dans l'onglet Affichage*, cochez l'option* Règle ☑ Règle

La formation PowerPoint

• Versions récentes

Choisir un symbole de puce

Lorsque vous déroulez le bouton *Puces* ⌄, PowerPoint vous propose par défaut sept puces différentes, mais vous avez en fait bien plus de possibilités :

- Dans l'onglet *Accueil,* groupe *Paragraphe*, déroulez le bouton *Puces* ⌄ et cliquez sur *Puces et numéros* ⌄ Puces et numéros... en bas de la liste

- Sélectionnez l'une des sept puces affichées puis cliquez sur le bouton *Personnaliser* (la puce sélectionnée sera remplacée par la nouvelle puce que vous vous apprêtez à choisir)

- Dans la fenêtre *Caractères spéciaux* qui s'affiche, déroulez la liste des polices en haut à gauche pour choisir une police proposant des symboles et non des lettres, par exemple *Wingdings*

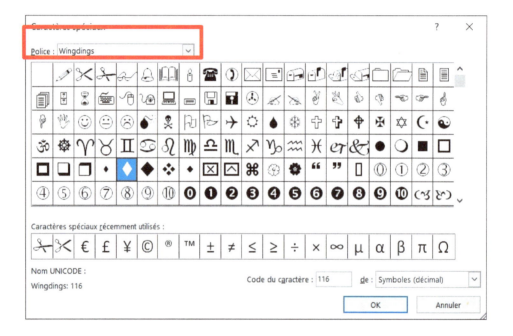

- Cliquez sur le symbole à utiliser et validez autant de fois que nécessaire pour revenir à votre diapositive

Personnaliser la taille de la puce par rapport au texte

PowerPoint utilise de grandes tailles de police pour ses textes et par conséquent certaines puces semblent souvent exagérément larges. Pour en diminuer la taille sans pour autant diminuer la taille du texte, voici comment procéder :

- Dans l'onglet *Accueil*, groupe *Paragraphes*, déroulez le bouton *Puces* et cliquez *Puces et numéros*

- Dans la fenêtre qui s'affiche, diminuer le pourcentage en regard de la zone *Taille*.

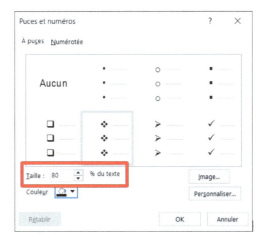

Interligne et espacements

L'interligne détermine l'espace **entre** les lignes des paragraphes et entre les paragraphes eux-mêmes. Par défaut, PowerPoint applique un interligne simple.

Vous pouvez modifier cet interligne avec le bouton *Interligne* ↕≡ ▾ situé dans le groupe *Paragraphe* de l'onglet *Accueil*.

L'espacement, quant à lui, permet de régler les espaces au-dessus et en-dessous d'un paragraphe sans pour autant modifier l'espace entre ses lignes du paragraphe. Par défaut, PowerPoint applique un *espacement Avant* chaque paragraphe d'une liste à puces, plus ou moins important selon le niveau du paragraphe.

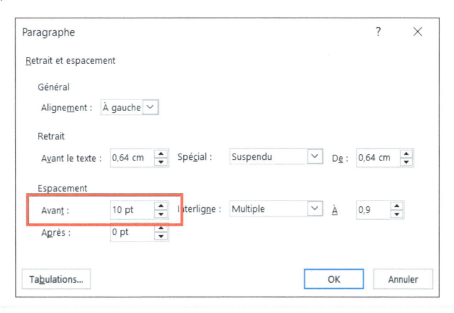

 Savoir diminuer l'espacement avant les paragraphes d'une liste à puces peut s'avérer très utile lorsque notre texte est un peu long en nous évitant d'avoir à diminuer la taille de la police

Exercice

Si ce n'est pas déjà fait, ouvrez le fichier Diapositives pour mise en forme VotrePrénom. Sélectionnez la diapositive n°2, **Notre catalogue de formation**.

Cette fois encore, nous allons effectuer les tests de mise en forme directement sur les diapositives, mais souvenez-vous : si nos mises en forme concernaient l'ensemble des diapositives, il nous faudrait aller dans le masque.

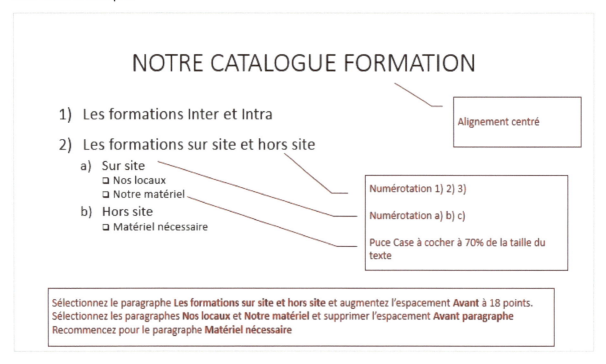

Réappliquer une mise en forme

Le bouton *Reproduire la mise en forme* de l'onglet *Accueil*, groupe *Presse-papiers*, permet de mémoriser une mise en forme effectuée sur un texte et de la réappliquer sur d'autres parties de texte.

- Appliquez par exemple la couleur orange et le soulignement au texte **Sur site**
- Gardez le texte sélectionné puis cliquez une fois sur le bouton *Reproduire la mise en forme* pour l'activer (le pointeur de la souris prend la forme d'un pinceau)
- Cliquez-glisser sur les mots **Hors site** ; aussitôt que vous relâchez le bouton de la souris, les mots adoptent la même mise en forme que le mot **Sur site**.

Pour reproduire plusieurs fois de suite la mise en forme, double-cliquez sur le bouton Reproduire la mise en forme puis sélectionnez chaque portion de texte à mettre en forme.

A la fin de vos manipulations, cliquer à nouveau sur le bouton pour le désactiver ou appuyer sur la touche Echap du clavier.

Ajustement automatique des zones de titre et des zones à puces

Si vous ajoutez beaucoup de paragraphes à votre liste à puces, la hauteur de l'espace réservé peut s'avérer trop limitée. Dans ce cas, PowerPoint diminuera automatiquement l'interligne, puis si besoin les tailles de police proportionnellement à leur taille initiale.

Prenez par exemple la diapositive **Quelques informations** de la présentation **Diapositives pour mise en forme VotrePrénom** et faites le test :

Ajoutez un nouveau paragraphe à la fin de la zone de puces et saisissez **Les objets SmartArt**, vous verrez l'interligne diminuer automatiquement de 0,9 à 0,8 lignes (n'hésitez pas à le vérifier en cliquant sur le bouton lanceur du groupe *Paragraphes*).

Si vous ajoutez encore plusieurs lignes, PowerPoint finira par diminuer la taille des polices : les paragraphes de premier niveau passeront de 28 points à 24 points tandis que ceux de second niveau de texte passeront de 24 points à 22 points, etc...

Il s'agit d'une *correction automatique* de PowerPoint que vous pouvez tout à fait refuser, ou même désactiver définitivement.

Refuser l'ajustement

- Au moment où PowerPoint ajute la taille du texte, cliquez sur le bouton *Options d'ajustement automatique* qui s'affiche automatiquement en bas à gauche de la zone de texte
- Sélectionnez l'option *Arrêter l'ajustement du texte à cet espace réservé*.

- Si vous voulez désactiver définitivement l'ajustement automatique, cliquez sur *Contrôler les options de correction automatique...* et dans la boite de dialogue qui s'affiche, décochez l'option *Ajuster automatiquement le corps du texte à l'espace réservé* (par défaut, laissez cette option cochée car vous constaterez à l'usage qu'elle s'avère le plus souvent très utile).

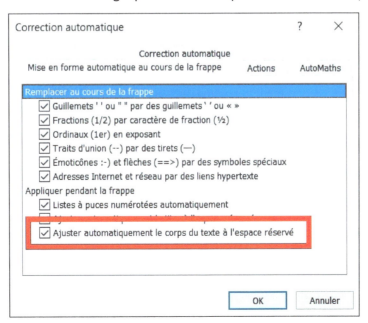

Ajouter un pied de page

Le pied de page est un texte qui se répétera sur toutes les pages de la présentation. Ce texte peut être : la date, l'heure, la numérotation des pages ou un texte libre.

Pour activer le contenu des en-tête ou pied de page des diapositives, cliquez sur l'onglet *Insertion* puis sur le bouton *En-tête/Pied* du groupe *Texte*.

La fenêtre ci-dessous s'affiche :

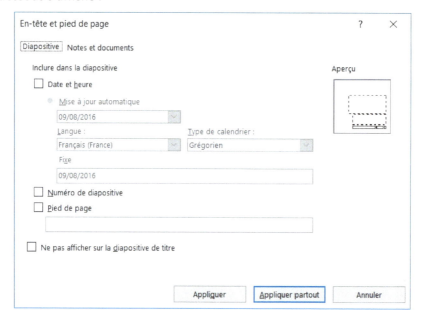

Dans l'onglet *Diapositive*, cochez les options souhaitées :

- *Date et heure*
  - Pour une date et/ou une heure qui se mettra à jour à chaque ouverture ou à chaque impression, cochez l'option *Mise à jour automatique* et déroulez la zone de liste pour choisir le format voulu
  - Pour une date et/ou une heure fixe, cochez l'option *Fixe* et saisissez la date et/ou l'heure voulue

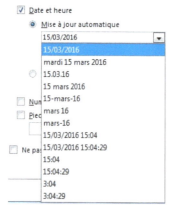

- *Numéro de diapositives* : cochez l'option pour ajouter le numéro des diapositives
- *Pied de page* : cochez l'option et saisissez un texte court de votre choix (rappel du sujet, nom de la société, votre nom…)

Pour finir, cliquez sur le bouton *Appliquer* pour que le pied de page ne s'applique qu'à la diapositive en cours d'affichage ou sur *Appliquer partou*t pour qu'il s'applique à toutes les diapositives de la présentation.

Ne rien afficher sur la diapositive de titre

Il arrive fréquemment que les informations de l'en-tête ou du pied de page n'aient pas à figurer sur la diapositive de titre de votre présentation. Dans ce cas, il vous suffit de cocher l'option *Ne pas afficher sur la diapositive de titre* de la boite de dialogue *En-tête et pied de page*.

A noter que cette option concerne toutes les diapositives de disposition *Diapositives de titre* de la présentation.

Modifier l'emplacement ou la mise en forme des zones d'en-tête et pied de page

Bien que l'activation des zones de l'en-tête et pied de page s'effectue dans la boite de dialogue ci-dessus, leur mise en forme ou repositionnement s'effectue soit :

- dans le *masque des diapositives* si la modification ou la mise en forme doit porter sur toutes les diapositives
- directement sur la diapositive pour une modification ponctuelle

Les thèmes

Qu'est-ce qu'un thème ?

Les thèmes sont des outils qui vous permettent de mettre en forme rapidement et facilement toute une présentation pour la rendre plus professionnelle et moderne.

Les thèmes proposés par défaut sont disponibles non seulement dans PowerPoint, mais également dans Excel, Word et Outlook, ce qui vous permet d'appliquer une certaine homogénéité dans l'apparence de vos présentations, documents, feuilles de calcul et messages électroniques.

Dans PowerPoint, l'impact d'un thème est spectaculaire sur une présentation : il influe non seulement sur l'arrière-plan des diapositives, mais également sur la mise en forme du texte, des tableaux, des graphiques SmartArt, des formes ou des graphiques.

Pour vraiment comprendre toute la puissance des thèmes, le mieux est de les tester sur des diapositives contenant du texte, des dessins et des graphiques ; pour cela, ouvrez le ficher Diapositives pour thèmes et enregistrez-le dans votre dossier sous le nom Diapositives pour thèmes VotrePrénom.

Pour l'instant, le thème par défaut est appliqué sur la présentation, à savoir le thème *Office*. Vous l'utilisez depuis le début de cette formation chaque fois que vous créez une nouvelle présentation vierge.

C'est un thème très simpliste, sans beaucoup de mise en forme ou de couleurs en dehors de certains objets comme les graphiques ou les dessins. Dans notre présentation, les diapositives se présentent donc de la façon suivante :

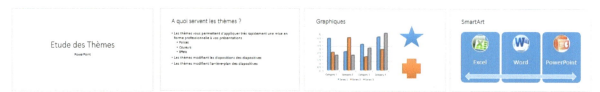

A présent, nous allons appliquer tour à tour trois autres thèmes complètement différents.

Changer le thème de la présentation

- Dans l'onglet *Création*, cliquez sur la flèche déroulante ▼ du groupe *Thèmes*.

- La galerie des thèmes disponibles s'affiche. Le thème en cours d'application se situe dans la première zone *Cette présentation* ; en dessous, dans la zone *Office*, s'affichent les autres thèmes disponibles.

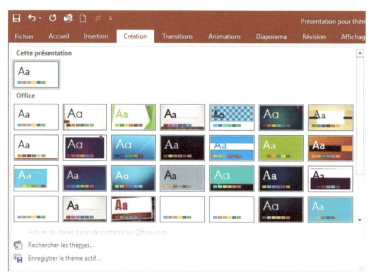

- Pour connaître le nom d'un thème, visez sa vignette sans cliquer et attendez que s'affiche une info bulle.
- Vous pouvez pré-visualiser l'effet qu'aura chaque thème sur vos diapositives en visant sa vignette sans cliquer dessus. Votre choix arrêté, cliquez sur la vignette du thème pour l'appliquer à l'ensemble de la présentation. Ci-dessous trois exemples de thèmes :

Comme vous pouvez le voir, changer de thème est rapide, efficace et spectaculaire... et vous n'avez que l'embarras du choix ! A vous de trouver celui qui vous correspond le mieux, à vous, à votre société ou au sujet de la présentation.

 Vous pouvez également choisir un thème au moment de la création d'une nouvelle présentation :

- cliquez sur l'onglet Fichier puis sur Nouveau.

- dans la fenêtre qui s'affiche, cliquez pour sélectionner l'un des thèmes proposés

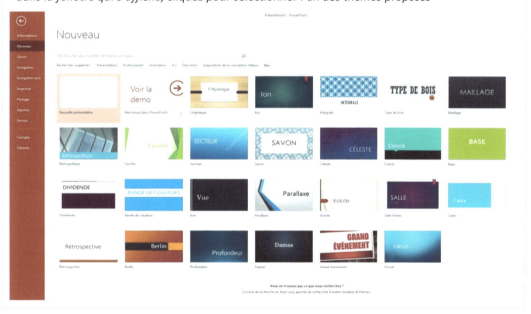

 Attention lorsque vous choisissez votre thème : certains prévoient des graphismes d'arrière-plan très encombrants, qui ne vous laisseront finalement que peu de place pour positionner vos textes et tableaux, images ou graphiques.

De plus, le choix du thème influera fortement sur le positionnement de vos images ou graphismes ; il convient donc de vous décider le plus tôt possible, sous peine d'avoir à beaucoup retravailler le contenu de vos diapositives.

Exercice

Si ce n'est pas déjà fait, ouvrez le ficher Diapositives pour thèmes VotrePrénom.

Si nécessaire, réappliquez le thème *Office*. Cliquez sur la dernière diapositive dans le volet de navigation et ajoutez les trois diapositives suivantes, de disposition *Titre de Section* pour les diapositives **Exercices Thèmes** et **Graphiques et Graphismes** et de disposition *Comparaison* pour la diapositive **Les thèmes** :

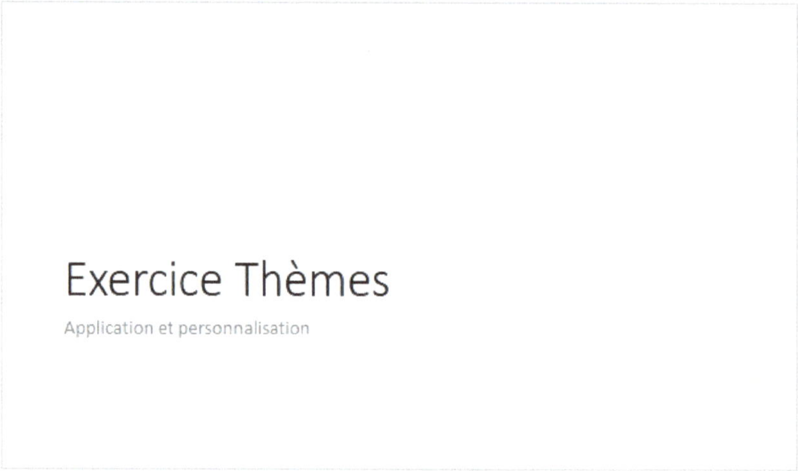

Exercice Thèmes

Application et personnalisation

Les thèmes

Le thème Direction Ion
- Diapositives peu encombrées par les graphismes du thème
- Tons chauds pour les objets
- Polices
  - Titres : Century Gothic
  - Corps : Century Gothic

Le Thème Facette
- Diapositives encombrées par les graphismes du thème
- Tons verts par défaut
- Police
  - Titres : Calibri Light
  - Corps : Calibri

Graphiques et Graphismes

Imager pour mieux comprendre

Effectuez les manipulations suivantes :

- Faites glisser la diapositive **Graphiques et Graphismes** en troisième position de la présentation ;
- Faites glisser la diapositive **Exercices thèmes** en dernière position de la présentation
- Ajoutez le numéro des diapositives sur toutes les diapositives

- Appliquez le thème *Direction Ion*
- Affichez le masque des diapositives et pour des diapositives de disposition *Titre de section* uniquement, changez la police du titre principal en *Britannic Bold* et augmentez la taille du sous-titre à **32**
- Refermez le masque et faites défiler les diapositives pour visualiser l'effet sur chaque type de diapositive (diapositive de titre, de section, de contenu...)

- Changez pour le thème *Brin*
- Dans le masque des diapositives, changez les points suivants :

    - Pour toutes les diapositives, changez la couleur de la police des titres en *Vert olive, Accentuation 4 plus sombre 25%*
    - Pour toutes les diapositives, changez la puce du premier niveau de texte pour le caractère ⭕ (symbole n° 109 de la police *Wingdings*) et diminuez sa taille à 75 % de la taille du texte
    - Pour les diapositives *Titre et contenu* seulement, appliquez la police Colonna MT (ou à défaut Arial) à tous les niveaux de texte de la zone de puces.
    - Pour les diapositives *Comparaison* seulement, augmentez à 20 la taille du texte de premier niveau de chaque colonne

- Refermez le masque et faites défiler vos diapositives pour visualiser le résultat de vos modifications
- Retournez dans l'onglet *Création* et appliquez le thème *Office* : aussitôt, toutes vos personnalisations disparaissent.

Enregistrez le fichier Diapositives pour thèmes VotrePrénom.

Les variantes de thèmes

Chaque thème proposé par PowerPoint se décline en plusieurs variantes, qui permettent de choisir parmi plusieurs :

- Styles d'arrière-plan des diapositives
- Jeux de couleurs
- Jeux de polices
- Jeux d'effets sur objets

Ainsi, si les graphismes proposés par un thème vous plaisent mais que les couleurs ne correspondent pas à ce que vous voulez, vous pouvez appliquer le thème et faire varier ses couleurs.

Prenons un exemple : ci-dessous trois diapositives identiques avec le thème *Facette* appliqué ; nous avons conservé pour la première les propositions par défaut du thème, pour la seconde nous avons changé le jeu de couleurs du thème, pour la troisième nous avons également changé l'arrière-plan de la diapositive.

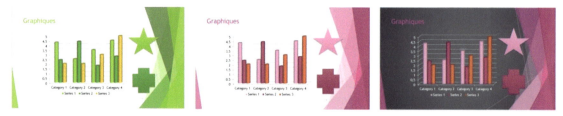

Voyons cela plus en détails. Pour effectuer les manipulations qui suivent, rouvrez votre fichier Diapositives pour thèmes VotrePrénom et appliquez le thème *Facette*.

L'arrière-plan des diapositives

Une mise en forme spectaculaire dans PowerPoint est celle qui consiste à modifier l'arrière-plan de la diapositive. Pour ce faire, vous pouvez choisir vous-même une couleur, un dégradé, une image… ou utiliser un des arrière-plans prédéfinis proposés par PowerPoint.

Les styles d'arrière-plan prédéfinis

- Pour choisir un style prédéfini, activez l'onglet *Création* et cliquez sur le bouton *Autres* du groupe *Variantes*.

- Cliquez sur *Styles d'arrière-plan* puis choisissez le style d'arrière-plan parmi ceux proposés.

 A noter que par défaut, PowerPoint appliquera l'arrière-plan à toutes les diapositives de la présentation. Pour ne l'appliquer qu'à la diapositive en cours, cliquez droit sur l'arrière-plan et choisissez **Appliquez aux diapositives sélectionnées**.

Mise en forme personnalisée de l'arrière-plan

Vous pouvez également choisir un arrière-plan personnalisé. Couleur unie, dégradée, image… Les variations sont infinies.

Attention cependant, il convient avant tout que le contenu de votre diapositive reste lisible !

- Sélectionnez la première diapositive **Etude des Thèmes** de votre fichier Diapositives pour thèmes VotrePrénom et dans l'onglet *Création*, cliquez sur le bouton *Mettre en forme l'arrière-plan* du groupe *Personnaliser*
- Dans le volet qui s'affiche à droite de l'écran, effectuez les mises en forme souhaitées. Par exemple, activez l'option *Remplissage dégradé* et dans la liste *Dégradés prédéfinis*, sélectionnez l'une des options proposées
- Les réglages choisis sont instantanément appliqués à la diapositive active (vous pourriez les

étendre à l'ensemble des diapositives en utilisant le bouton *Appliquer partout* en bas du volet).

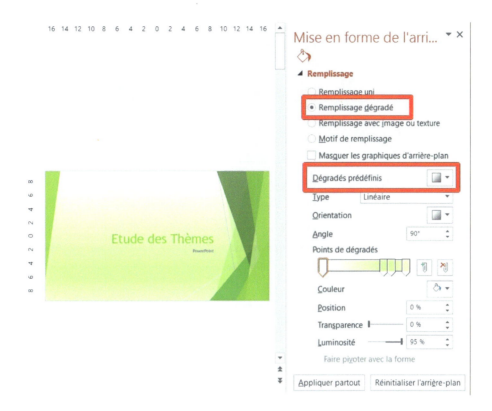

Nous allons revenir à l'arrière-plan par défaut en utilisant le bouton *Réinitialiser l'arrière-plan*. S'il n'est pas disponible, utilisez le bouton *Annuler* de la barre d'outils *Accès rapide*.

- Testez maintenant l'option *Motif de remplissage* et dans la zone *Motif*, sélectionnez par exemple les *Tirets verticaux* (cinquième ligne) ou les *Briques diagonales* (sixième ligne).

- Dans la zone *Premier plan* sous la zone des motifs, choisissez la couleur *Or, accentuation3, plus clair 60 %.*

A présent, imaginons que nous voulions appliquer un arrière-plan imagé à notre diapositive **Graphiques et Graphismes** créée précédemment.

- Sélectionnez la diapositive et, toujours dans le volet de mise en forme de l'arrière-plan, cochez cette fois l'option *Remplissage avec image ou texture* puis cliquez sur le bouton *Fichier* pour aller sélectionner l'image souhaitée**.**

- Utilisez la zone *Transparence* pour augmenter son pourcentage afin que le contenu de la diapositive reste parfaitement visible.

- Refermez le volet par sa croix de fermeture pour n'appliquer le nouvel arrière-plan qu'à la diapositive active.

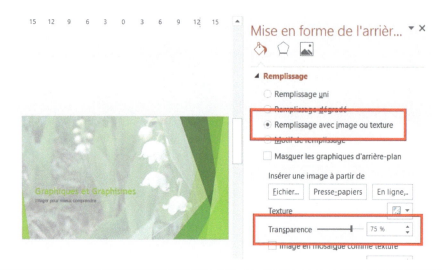

 Pour modifier rapidement l'arrière-plan de votre diapositive, vous pouvez également cliquer droit sur un endroit vide du fond de la diapositive puis cliquer sur **Mise en forme de l'arrière-plan**.

L'option Masquer les graphiques d'arrière-plan

Cette option du volet **Mise en forme de l'arrière-plan** peut s'avérer très utile lorsque vous avez inséré des objets dans le masque des diapositives tels qu'un logo ou le numéro de la diapositive. En effet, si le contenu d'une diapositive doit occuper tout l'espace (un organigramme, une image, un grand tableau…), vous pourrez cocher cette option pour masquer les éléments du masque.

Les jeux de couleurs

Un jeu de couleurs est automatiquement proposé lorsque vous choisissez un thème. Ce jeu de couleurs sera disponible pour la police, les graphiques, les objets…. Si par exemple vous sélectionnez un texte dans une diapositive et déroulez le bouton *Couleur de police* du groupe *Accueil*, vous pourrez visualiser les couleurs proposées par le thème *Facette* choisi pour notre présentation.

Si vous changez de thème, vous changerez alors automatiquement de jeu de couleurs. Ci-dessous trois exemples de jeux de couleurs liés à trois thèmes différents.

Thème Office (par défaut)

Thème Intégral

Thème Ion

Pour mieux vous rendre compte de l'impact des jeux de couleurs, sélectionnez la diapositive **Graphiques et tableaux** de notre ficher Diapositives pour thèmes VotrePrénom et appliquez tour à tour les trois thèmes ci-dessus. Chaque thème prévoyant un jeu de couleurs différent, vous verrez les couleurs de tous les éléments de la diapositive (formes, graphique, tableau, texte) changer en fonction de votre choix.

Thème Office (par défaut)

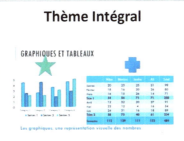

Thème Intégral

Thème Ion

Comprendre les jeux de couleurs

Chaque jeu comporte 10 couleurs, telles que présentées sur la première ligne de la zone *Couleurs du thème* dans les trois exemples de jeux de couleurs de police un peu plus haut.

Les premières colonnes sont destinées au texte et aux arrière-plans, tandis que les six dernières sont des couleurs dites « d'accentuation ». Les couleurs d'accentuation sont celles proposées (ou automatiquement appliquées) pour les objets tels que les formes, les graphiques, les tableaux...

Ainsi, lorsque vous insérez une forme dans une diapositive dont le thème *Ion* est utilisé, elle sera automatiquement de couleur rouge, car il s'agit de la première couleur d'accentuation prévue par le thème (faites le test en insérant un triangle dans la présentation après avoir appliqué le thème *Ion*).

De la même façon, si vous observez le graphique de la diapositive **Graphiques et tableaux**, vous remarquerez que sa mise en forme utilise les trois premières couleurs d'accentuation du thème.

En complément des couleurs de base proposées en première ligne, PowerPoint vous décline ces mêmes couleurs en teintes plus ou moins foncées pour élargir encore votre choix. Un conseil : pour différencier vos objets (données de graphiques, lignes de tableaux...) n'hésitez pas à jouer avec les différentes nuances proposées plutôt que de choisir des couleurs différentes.

Changer le jeu de couleurs

Bien qu'un jeu de couleurs soit prévu pour chaque thème, rien ne vous empêche de choisir un thème et de changer son jeu de couleurs. Par exemple, si le thème *Ion* vous plaît par son graphisme mais que ses couleurs ne vous conviennent pas, vous pouvez tout à fait changer pour un autre jeu de couleurs. Si ce n'est pas déjà fait, ouvrez le ficher Diapositives pour thèmes VotrePrénom.

- Dans l'onglet *Création*, appliquez le thème *Ion*.
- Cliquez sur le bouton *Autres* du groupe *Variantes* puis sur *Couleurs* pour ouvrir la liste des jeux de couleurs disponibles

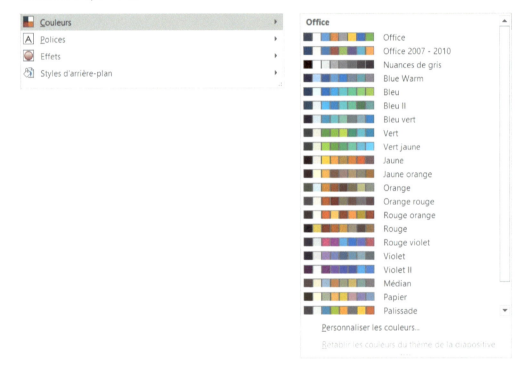

- Cliquez sur le jeu *Orange Rouge* par exemple et observez les changements appliqués à vos diapositives.

Les couleurs Standard

Si vous voulez qu'un élément (texte, forme, tableau…) reste inchangé quel que soit le thème ou le jeu de couleur choisi, sélectionnez dans ce cas votre couleur parmi les couleurs de la zone *Couleurs Standard* ou cliquez sur *Autres couleurs* pour utiliser des couleurs personnalisées.

Par exemple, sélectionnez un texte et déroulez le bouton *Couleur de police* du groupe *Accueil*. Les couleurs standard sont proposées en dessous des couleurs de thème (pour un plus grand choix de couleurs, cliquez sur *Autres couleurs…*).

 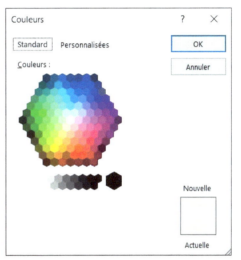

 Lorsque des couleurs du thème ont été utilisées et non des couleurs standard, si vous copiez/collez un élément (texte, forme, tableau, graphique…) d'un fichier à un autre, les couleurs sont automatiquement mises à jour si les thèmes appliqués dans les deux fichiers sont différents.

Les polices de thème et effets de thème

Les thèmes définissent deux polices : une pour les titres et une pour le corps du texte. Il peut s'agir de la même police (utilisée partout) ou de deux polices différentes.

- Dans l'onglet *Création,* déroulez le bouton *Autres* du groupe *Variantes* et cliquez sur *Polices*.

- Les jeux de police s'affichent, cliquez sur celui qui vous convient ou cliquez sur *Personnaliser les polices* pour créer votre propre jeu de polices.

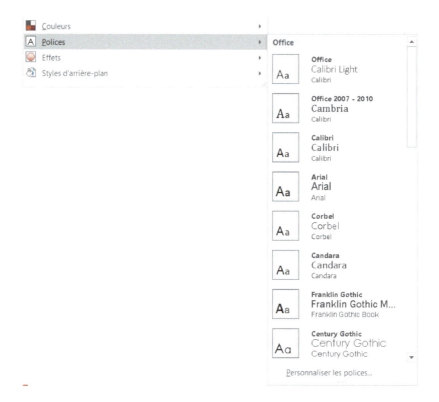

Quant aux *Effets* de thème, ils spécifient la manière dont sont automatiquement travaillés les graphismes que vous insérez dans les diapositives (diagrammes, formes, SmartArt, images, tableaux). L'utilisation de la galerie proposée dans le bouton *Effets* vous permet de remplacer différents jeux d'effets pour modifier rapidement l'aspect de ces objets.

Vous vous interrogez peut-être sur l'intérêt du jeu de police par rapport au masque qui, nous l'avons vu, nous permet également de prévoir la police pour l'ensemble de la présentation ?

En fait, le masque ne permet de prévoir que la police des titres et des listes à puces, mais ignore les textes des graphiques, des zones de texte libres, des tableaux...

Les Styles rapides

Si les thèmes changent l'ensemble des couleurs, des polices et des effets utilisés, les *styles rapides* modifient le mode de combinaison des couleurs, des polices et des effets, ainsi que la dominance de la couleur, de la police et de l'effet.

Pour donner une image, dans PowerPoint, les couleurs, polices et effets de thème ressemblent à une liste d'ingrédients de mise en forme et chaque *style rapide* représente une recette.

Il existe des *styles* pour tous les éléments sur une diapositive (dessins, tableaux, graphiques, images…), tous créés par des concepteurs d'effets visuels, de sorte que vos diapositives ont un aspect de qualité professionnelle.

Nous étudierons les styles applicables à chacun des éléments de vos diapositives au fur et à mesure que nous progresserons dans ce manuel.

A quel moment appliquer un thème ?

En réalité, un thème est déjà appliqué lorsque vous créez une nouvelle présentation (ou un fichier Excel ou Word d'ailleurs). C'est lui qui décide des polices, des couleurs de police, de formes ou de graphiques. Il s'agit du thème par défaut, le *Thème Office*. C'est un thème "passe partout" somme toute assez discret.

Le mieux lorsqu'il s'agit de changer de thème serait de le faire aussi rapidement que possible ; en effet, dans la mesure où le changement du thème va modifier radicalement la présentation de chaque diapositive, autant travailler avec une idée du résultat final.

C'est d'autant plus vrai que lorsque vous choisissez un nouveau thème, il écrasera automatiquement toutes les mises en forme que vous aurez apportées dans le masque des diapositives pour appliquer les siennes propres. Donc, décidez de votre thème et après seulement, personnalisez le masque des diapositives comme nous l'avons déjà vu précédemment.

Limiter l'application d'un thème à certaines diapositives

Pour appliquer un thème à certaines diapositives uniquement de votre présentation, cliquez avec le bouton droit sur le thème puis cliquez sur *Appliquer aux diapositives sélectionnées* dans le menu contextuel.

Vous pouvez de la même façon limiter l'application d'un arrière-plan à certaines diapositives seulement : sélectionnez la/les diapositives, déroulez le bouton Styles d'arrière-plan de l'onglet Création et cliquez droit sur le style d'arrière-plan voulu

Les affichages

Pendant la création d'une présentation, vous pouvez basculer entre plusieurs modes d'affichages donnant chacun une perspective différente de votre travail et offrant tous des fonctions différentes.

Certains affichages couramment utilisés sont disponibles dans la *barre d'outils Zoom* en bas à droite de l'écran, d'autres par l'onglet *Affichage*.

Vous pouvez également y accéder via l'onglet *Affichage*, groupe *Affichage des présentations*.

Affichage Normal

C'est le mode d'affichage par défaut dans lequel vous travaillez le contenu de vos diapositives. Le mode d'affichage *Normal*, représenté par l'icône ▣ dans la *barre d'outils Zoom*, permet de saisir du texte, ce que nous avons déjà vu, mais également d'ajouter des images, des tableaux et autres objets et de les mettre en forme.

Affichage Trieuse de diapositives

Le mode *Trieuse de diapositives* ⊞ vous offre une vue d'ensemble de la présentation, en affichant chaque diapositive en miniature avec son texte, ses dessins et ses graphiques. Comme son nom l'indique, il permet aussi de réordonner ses diapositives par un simple cliquer-glisser.

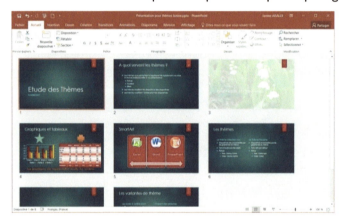

Pour déplacer une diapositive en mode *Trieuse*, cliquer sur sa miniature et la faire glisser à l'endroit voulu sans relâcher le bouton de la souris.

Faites le test et dans la présentation **Diapositives pour thèmes VotrePrénom,** déplacez la diapositive **SmartArt** avant la diapositive **Graphiques et tableaux**.

Le mode Lecture

Le mode *Lecture* permet de faire défiler votre présentation telle qu'en mode diaporama (voir ci-après), à la différence près que la diapositive ne s'affiche pas en plein écran mais en "pleine fenêtre", ce qui vous permet, lorsque vous avez plusieurs fenêtres affichées, de visionner votre diaporama tout en gardant une autre fenêtre en vue.

Le mode Diaporama

Le mode *Diaporama* 🖵 permet de faire défiler les diapositives de la présentation, avec chaque diapositive affichée en plein écran (utilisez le clic souris ou les flèches directionnelles du clavier pour passer d'une diapositive à l'autre).

Si vous utilisez le bouton de la *barre d'outils Zoom*, le diaporama se lancera à partir de la diapositive en cours d'affichage. Si vous souhaitez lancer le diaporama à partir de la diapositive n°1, vous pouvez utiliser le bouton *A partir du début* de l'onglet *Diaporama*.

Pour obtenir des effets spéciaux entre chaque diapositive, il faut utiliser les effets de transitions et d'animation, que nous aborderons plus loin dans ce manuel.

Vous pouvez également lancer un diaporama miniature dans la fenêtre de travail PowerPoint : cliquez sur le bouton Diaporama *de la* barre d'outils Zoom *tout en maintenant la touche* Alt *du clavier enfoncée.*

Le mode Page de notes

Ce mode est lié au volet situé sous la diapositive en mode *Normal* et qui vous permet de saisir des notes (ou commentaires) pour chacune de vos diapositives (la saisie des notes est abordée plus loin dans ce manuel).

Pour activer ce mode d'affichage, cliquez sur le bouton *Page de notes* dans l'onglet *Affichage*.

Page de
notes

Le mode d'affichage Plan

Plus rarement utilisé, le mode d'affichage *Plan* peut vous aider à vérifier (ou même à créer) l'enchaînement logique de vos idées car il n'affiche rien d'autre que les titres et le texte saisi dans les zones à puces, épuré des graphismes éventuels.

Pour afficher le plan de votre présentation, activez l'onglet *Affichage* et cliquez sur le bouton *Mode*

Plan .

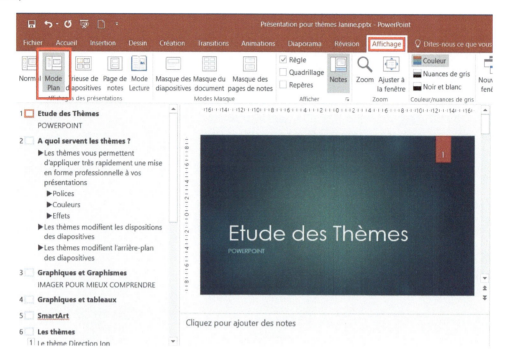

Les sections

Si votre présentation comporte beaucoup de diapositives, peut-être sera-t-il préférable de l'organiser en sections pour vous aider à vous y retrouver et à naviguer plus rapidement dans votre présentation.

Pour effectuer les manipulations qui suivent, rouvrez votre présentation **Diapositives pour thèmes VotrePrénom**.

Ajouter une section

En mode d'affichage *Normal* ou *Trieuse de diapositives*, sélectionnez la diapositive **Graphiques et Graphismes,** qui sera la première diapositive de notre nouvelle section. Dans l'onglet *Accueil*, cliquez sur le bouton *Section* puis sur *Ajouter une section*.

La nouvelle section s'affiche dans le volet de navigation au-dessus de la diapositive sélectionnée.

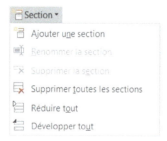

Renommer une section

Pour renommer la section, cliquez sur le marqueur *Section sans titre* dans le volet de navigation puis déroulez le bouton *Section* et cliquez sur *Renommer la section*. Dans la boite de dialogue qui s'affiche, saisissez le nom **Gestion des graphismes** et validez.

Réduire ou développer une section

Vous pouvez utiliser le triangle ◢ à gauche du marqueur de section pour masquer et réafficher rapidement les diapositives de chaque section.

Supprimer une section

Cliquez sur le marqueur de la section dans le volet de navigation et dans l'onglet *Accueil*, cliquez sur le bouton *Section* puis sur *Supprimer la section.*

Copier et déplacer

Il arrive fréquemment dans PowerPoint que nous souhaitions *recopier* une diapositive ou partie de son contenu comme un texte, une image ou un tableau. Il arrive aussi qu'un élément ne soit pas positionné à la bonne place et que nous voulions le *déplacer*.

Nous devons dans ce cas faire appel aux commandes *Copier* et *Coller* ou *Couper* et *Coller.*

Tout élément copié ou coupé peut être « collé », c'est-à-dire récupéré, une ou plusieurs fois à un autre endroit de la présentation active, d'une autre présentation PowerPoint ou même dans un fichier d'une autre application Windows.

Copier un élément

Pour recopier un élément, vous devrez systématiquement procéder en quatre étapes distinctes :

- Sélectionnez l'élément à recopier (diapositive, texte, tableau, image…)
- Dans l'onglet *Accueil,* groupe *Presse-papiers*, cliquez sur le bouton *Copier* (il ne se passe rien de visible, mais PowerPoint mémorise bien instantanément l'élément sélectionné)
- Positionnez-vous à l'endroit où doit être effectuée la recopie

- Cliquez sur la partie supérieure du bouton *Coller*

Si vous cliquez sur la partie inférieure du bouton Coller, une liste s'affiche vous donnant le choix entre plusieurs types de collage. Choisissez dans ce cas le premier bouton proposé.

Si vous souhaitez simplement copier l'élément sélectionné sur la même diapositive, vous pouvez dérouler le bouton Copier et cliquer sur Dupliquer : l'élément sélectionné se recopie instantanément sur la diapositive.

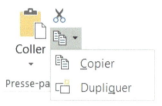

Déplacer un élément

Déplacer un élément se passe sensiblement de la même façon que lorsque l'on souhaite le recopier :

- Sélectionner l'élément à déplacer (diapositive, texte, tableau, image…)
- Dans l'onglet *Accueil*, groupe *Presse-papiers*, cliquer sur le bouton *Couper* (l'élément sélectionné disparaît)
- Vous positionner au nouvel endroit où doit être placé l'élément

- Cliquer sur la partie supérieure du bouton *Coller*

 Si vous cliquez sur la partie inférieure du bouton Coller, une liste s'affiche vous donnant le choix entre plusieurs types de collage. Choisissez dans ce cas le premier bouton proposé.

Les raccourcis clavier

Dans votre intérêt, il serait souhaitable que vous mémorisiez également les raccourcis clavier utilisables lors d'un copier/coller ou d'un couper/coller, car non seulement ils sont rapides mais plus important, ils sont parfois la seule méthode utilisable :

- *Copier* : maintenez la touche clavier *Ctrl* enfoncée puis appuyez brièvement sur la touche clavier **C**

- *Couper* : maintenez la touche clavier *Ctrl* enfoncée puis appuyez brièvement sur la touche clavier **X**

- *Coller* : maintenez la touche clavier *Ctrl* enfoncée puis appuyez brièvement sur la touche clavier **V**

 Le clic droit de la souris propose également les commandes Copier, Couper et Coller. Attention cependant lorsque vous copiez à bien effectuer votre clic droit sur la partie sélectionnée.

Orthographe et synonymes

L'orthographe

PowerPoint dispose d'un outil de vérification d'orthographe. La vérification est basée sur un dictionnaire standard (commun à Word et Excel).

Attention aux mots écrits tout en majuscule, car PowerPoint les considèrera comme des noms propres et à ce titre, ne signalera pas les fautes d'orthographes.

La vérification au cours de la frappe

Commençons par la vérification la plus évidente, celle qui se voit immédiatement à l'écran à mesure que nous saisissons.

Créez une nouvelle présentation vierge et dans la diapositive de titre, saisissez le texte suivant tel qu'il est écrit, fautes comprises : **LA VERIFICATION D'ORTOGRAFE**.

Enregistrez la présentation sous le nom Présentation pour orthographe VotrePrénom dans votre dossier personnel.

Créez une deuxième diapositive (disposition *Titre et contenu*) et saisissez le texte ci-dessous (pour le texte sous la diapositive, saisissez dans la zone des notes, là où vous voyez inscrit *Cliquez pour ajouter des notes*) :

Le correcteur orthographique

- Pour <u>évitter</u> les fautes, PowerPoint peux vous aidé
- Il <u>sufit</u> que ce soit une faute d'orthographe (et non de <u>gramaire</u>)
- Il faut aussi que le texte soit écrit en MINNUSCULE car PowerPoint ne vérifie pas les mots en MAJUSCULLE
- Quant aux noms de <u>famile</u> comme <u>Duchmick</u> ou <u>Truckmuch</u>, il faut les <u>agouter</u> au dictionnaire.

Par <u>défaux</u>, <u>powerpoint</u> <u>ignorre</u> les mots écrits en MAJUSQULE

Lorsque la vérification au cours de la frappe est activée, les fautes repérées dans votre texte sont instantanément indiquées par des traits de soulignement ondulés de couleurs **rouge**. Notez que ces soulignements n'apparaîtront pas à l'impression du document.

Comme vous pouvez le voir, seules les fautes d'orthographe sont signalées, PowerPoint ne disposant pas de vérificateur de grammaire contrairement à Word.

Pour corriger les fautes d'orthographe signalées, cliquez avec le bouton droit de la souris sur un terme souligné pour voir les corrections proposées par PowerPoint.

Occupons-nous par exemple du mot "**évitter**", pour lequel nous avons fait une faute d'orthographe et qui est donc souligné en rouge. Visez le mot et effectuez un clic droit de votre souris, puis cliquez gauche sur le mot "**éviter**" proposé dans la liste qui s'affiche.

Recommencez pour le mot **sufit**, qui est également une faute d'orthographe, et corrigez en **suffit**. Faites de même pour les autres fautes sur les noms communs de la diapositive.

 Pour lancer la vérification d'orthographe sur l'ensemble de la diapositive, vous pouvez utiliser le bouton **Orthographe** *de l'onglet* **Révision***. Utiliser ensuite les boutons du volet* **Orthographe** *qui s'affiche à droite de votre écran pour corriger les fautes.*

A présent, voyons le mot **Duchmick**, qui est également signalé comme faute d'orthographe. Vous allez là aussi cliquer droit dessus, mais cette fois vous cliquerez sur *Ignorer tout* pour indiquer à PowerPoint qu'il peut arrêter de vous signaler ce mot en rouge durant cette session de travail.

Enfin, vous pouvez choisir l'option *Ajouter au dictionnaire* pour que le mot soit définitivement reconnu. Pour cela, il sera enregistré dans un dictionnaire personnel ; cette option est à utiliser pour les noms de famille mais aussi pour les noms techniques inconnus de PowerPoint.

Pour les besoins de la formation, merci de n'ajouter aucun mot au dictionnaire.

Définir une autre langue pour la vérification de l'orthographe

Certains d'entre nous doivent parfois travailler dans une autre langue, par exemple en anglais. Il faut savoir que PowerPoint est automatiquement doté d'un dictionnaire de langue anglaise et que vous pouvez l'utiliser lorsque vous voulez vérifier votre orthographe ou votre grammaire.

Dans votre fichier Présentation pour orthographe VotrePrénom créé précédemment, insérez une diapositive de disposition *Titre et contenu* et saisissez le texte suivant, fautes comprises :

My lesson in englich

• I don't speak english verry well
• But I speak french much better

Cliquez sur un endroit vide de la diapositive puis pressez **Ctrl A** au clavier pour sélectionner tous les éléments de la diapositive (la zone de titre et la zone de puces).

Dans l'onglet *Révision*, cliquez sur le bouton *Langue* puis sur *Définir la langue de vérification*. La boite de dialogue suivante s'affiche :

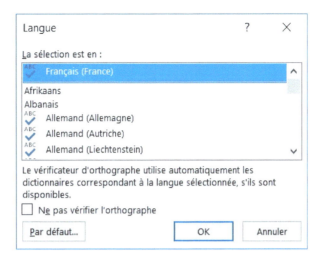

Sélectionnez par exemple *Anglais (Etats Unis)* ou *Anglais (Royaume uni)* dans la liste : la vérification d'orthographe s'effectuera maintenant en anglais sur les deux zones de texte, comme vous pouvez le vérifier dans l'icône de la barre d'état (barre grise en bas de l'écran), qui affiche désormais ⬜ Anglais (États-Unis) ou ⬜ Anglais (Royaume-Uni) selon votre choix.

La correction s'effectue de la même façon qu'en langue française (clic droit sur chaque mot).

 Si vous écrivez plus souvent en anglais ou en espagnol qu'en français, vous pouvez définir une autre langue par défaut en la sélectionnant dans la liste et en cliquant sur le bouton Par défaut (si vous êtes en salle de formation, merci de ne pas changer la langue par défaut sur votre poste)

Les synonymes

Il existe un autre type de dictionnaire, qui nous évite celui-là les répétitions dans un texte. Il s'agit du dictionnaire des synonymes. Pour l'utiliser, le plus simple est d'effectuer un clic droit sur le mot concerné et de cliquer sur *Synonymes* : une liste de synonymes possibles s'affiche, dans laquelle il vous suffit de choisir.

Revenez à votre première diapositive et cliquez droit par exemple sur le mot **dictionnaire** dans le dernier paragraphe ; pour le remplacer par une des propositions de PowerPoint, il suffit de cliquer sur l'un des mots affichés dans la liste.

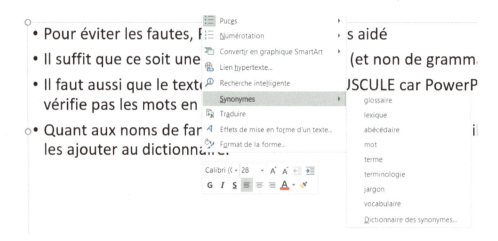

 Pour une recherche plus large des synonymes possibles, n'hésitez pas à cliquer sur Dictionnaire des synonymes et à utiliser le volet de recherche qui s'ouvrira sur la droite de votre écran

Enregistrez et refermez votre présentation.

La correction automatique

L'outil de correction automatique vous permet de prévoir une correction instantanée, sans intervention de votre part, des fautes que vous commettez très souvent, comme par exemple **accompte** par **acompte**.

Elle permet également de remplacer une saisie par un caractère particulier, comme par exemple la suite des caractères **==>** par le symbole ➜, (r) par ® ou encore **(c)** par ©.

Testez en saisissant le texte **Le symbole (c)** dans une nouvelle diapositive. PowerPoint transforme aussitôt votre saisie de (c) en ©. Pour refuser la correction automatique, il vous suffit d'utiliser la touche d'effacement au clavier sitôt après que la correction ait été appliquée par PowerPoint. Vous pouvez également utiliser un petit outil discret appelé « *balise* ». La balise s'affiche lorsque vous visez (sans cliquer) avec votre souris juste en-dessous du symbole ou du mot corrigé. Lorsque la balise s'affiche, cliquez dessus pour faire apparaître ses options :

Si vous choisissez l'option *Rétablir "(c)",* PowerPoint revient à votre texte saisi.

Si vous choisissez l'option *Arrêter la correction automatique de "(c)"*, vous indiquez que vous ne voulez plus à l'avenir de cette correction automatique.

Le dernier choix *Contrôler les options de correction automatique* vous donne la possibilité de visualiser et accepter/refuser toutes les corrections automatiques prévues par PowerPoint.

Vous pouvez également accéder à tout moment à la fenêtre Correction automatique par le bouton Options de l'onglet Fichier, rubrique Vérification puis bouton Options de correction automatique

Contrôle des options de correction automatique

Cliquez sur **Contrôler les options de correction automatique** pour accéder à la boîte de dialogue de réglage des options de correction. Deux onglets sont particulièrement intéressants pour indiquer nos préférences :

- l'onglet *Correction automatique*, dans lequel vous trouverez notamment :

  - La majuscule en début de phrase ou de cellule de tableau

  - Le remplacement du texte par un symbole tel que (c) par ©

  - Le remplacement des mots mal orthographiés tels que "**accompte**" (descendez dans la liste pour les visualiser)

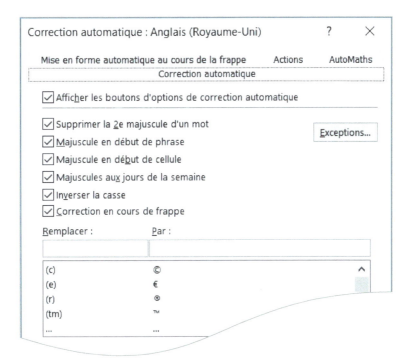

- L'onglet *Mise en forme automatique au cours de la frappe* dans lequel vous trouverez notamment :

  - Le remplacement des guillemets normaux "abc" par des guillemets « abc »

  - Le remplacement des fractions 1/2 et des caractères ½

  - La mise en forme des nombres ordinaux 1er, 2ème, 3ème

  - L'application des puces et des numéros (détaillé plus avant dans ce manuel)

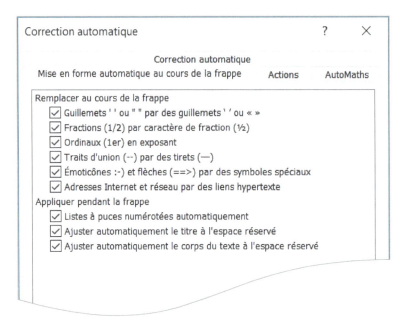

Refermez la boite de dialogue par *Annuler* pour ne modifier aucune des options par défaut.

Rechercher un texte

Pour trouver un mot ou une phrase dans votre présentation PowerPoint, procédez de la façon suivante :

- Dans l'onglet *Accueil*, cliquez sur le bouton *Rechercher* du groupe *Modification*
- Dans la zone *Rechercher*, entrez le texte à rechercher.
- Cliquez sur le bouton *Suivant*

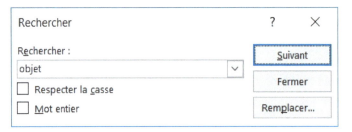

Rechercher et remplacer un texte

Pour trouver un mot ou une phrase dans votre présentation, puis le ou la remplacer par un autre mot ou une autre phrase, procédez comme suit :

- Dans l'onglet *Accueil*, cliquez sur le bouton *Remplacer* du groupe *Modification*
- Dans la zone *Rechercher*, entrez le texte à rechercher et remplacer.
- Dans la zone *Remplacer par*, entrez le texte que vous voulez utiliser comme remplacement.
- Pour rechercher l'occurrence suivante du texte, cliquez sur *Suivant* puis :
    - Pour remplacer l'occurrence de texte actuellement sélectionnée, cliquez sur *Remplacer*.
    - Pour remplacer toutes les occurrences du texte, cliquez sur *Remplacer tout*.

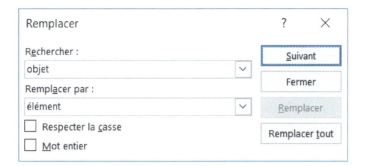

A CE POINT DU MANUEL, REALISER DES EXERCICES DE MISE EN APPLICATION POUR VALIDER LES CONNAISSANCES ACQUISES ⑥

Insérer des objets sur la diapositive

Nous avons vu précédemment dans le chapitre *Manipuler les éléments de la diapositive* comment sélectionner, déplacer ou redimensionner les éléments d'une diapositive. Si vous en doutez ou que ces manipulations sont un peu floues dans vos souvenirs, le temps est venu de revenir quelques pages en arrière pour vous rafraichir la mémoire car nous allons maintenant aller plus loin dans la manipulation des différents objets d'une diapositive.

Pour effectuer les manipulations suivantes, ouvrez le fichier Présentation pour Objets et enregistrez-le dans votre dossier sous le nom Présentation pour Objets VotrePrénom. Pour tester les outils décrits dans le tableau ci-dessous, nous vous proposons d'ajouter une diapositive et d'y insérer une ou plusieurs formes.

Gérer les objets

Supprimer un objet	- Sélectionnez l'objet et appuyez sur la touche *Suppr* du clavier
Copier un objet	- Copiez-collez l'objet *ou* - Sélectionnez l'objet + *Ctrl D* au clavier *ou* - Cliquez-glissez sur l'objet en maintenant la touche *Ctrl* enfoncée
Faire pivoter un objet	- Cliquez-glisser sur le *cercle vert* / la *flèche cerclée* ↻ qui s'affiche au-dessus de l'objet *ou* - Dans l'onglet contextuel *Format*, utilisez le bouton *Rotation* / *Faire pivoter les objets* du groupe *Organiser*
Recolorer, ajouter un trait, ajouter un effet à un objet	- Dans l'onglet contextuel *Format*, utilisez les boutons *Remplissage*, *Contour* et *Effets* du groupe *Styles de forme* (pour plus de détails, voir le chapitre Effets, traits et couleur de remplissage ci-après)
Appliquer un style prédéfini à un objet	- Dans l'onglet contextuel *Format*, utilisez la galerie des styles [Abc Abc Abc Abc Abc Abc Abc] du groupe *Styles de forme* (voir paragraphe sur l'utilisation des styles ci-après)

Ajouter du texte dans un objet (un carré, un cercle…)	- Cliquer sur l'objet puis saisissez directement le texte au clavier
Changer l'ordre de superposition des objets	- Dans l'onglet contextuel *Format*, utilisez les boutons *Avancer* et *Reculer* du groupe *Organiser*
Aligner les objets les uns par rapport aux autres	- Sélectionnez les objets à aligner puis dans l'onglet contextuel *Format*, déroulez le bouton *Aligner* du groupe *Organiser.* Vérifiez que l'option *Aligner les objets sélectionnés* est bien active puis :

	- Si vos objets se présentent en ligne (les uns à côté des autres), utilisez l'un des boutons suivants :	- Si vos objets se présentent en colonne (les uns en-dessous des autres), utilisez l'un des boutons suivants :
	⫟ꜛ Aligner en <u>h</u>aut	
	◁▷ Aligner au <u>m</u>ilieu	▯ᗺ Aligner à <u>g</u>auche
	⫠ Aligner en <u>b</u>as	♣ <u>C</u>entrer
		ᗺ▯ Aligner à <u>d</u>roite

Aligner des objets dans la diapositive	- Pour aligner un ou plusieurs objets dans la diapositive, sélectionnez le ou les objets puis dans l'onglet contextuel *Format*, déroulez le bouton *Aligner* du groupe *Organiser.* Cliquez pour activer l'option *Aligner sur la diapositive* puis revenez sur le même bouton *Aligner* pour choisir la position dans la diapositive : ⫟ꜛ Aligner en <u>h</u>aut ▯ᗺ Aligner à <u>g</u>auche ◁▷ Aligner au <u>m</u>ilieu ♣ <u>C</u>entrer ⫠ Aligner en <u>b</u>as ᗺ▯ Aligner à <u>d</u>roite
Egaliser l'espace entre plusieurs objets	- Sélectionnez les objets à aligner (au moins trois) puis dans l'onglet contextuel *Format*, déroulez le bouton *Aligner* du groupe *Organiser* - Puis, si vos objets se présentent en ligne, utilisez le bouton *Distribuer horizontalement* ; si vos objets se présentent en colonne, utilisez le bouton *Distribuer verticalement*
Regrouper les objets Dissocier les objets	- Sélectionnez les objets à regrouper en un seul objet et dans l'onglet contextuel *Format*, utilisez cliquez sur le bouton *Grouper.* - Pour dissocier des objets que vous avez préalablement groupés, déroulez le bouton *Grouper* et cliquez sur *Dissocier*.

Utiliser les styles

La plupart des objets (formes, images, graphiques, tableaux …) disposent de mises en forme prédéfinies, appelées *Styles*, qui vous aideront à modifier rapidement et efficacement l'aspect de votre objet. En effet, les styles proposés modifient radicalement et en un simple clic les couleurs, les traits et appliquent souvent des effets « matière » particulièrement travaillés.

Avant de vous lancer dans une mise en forme manuelle, n'hésitez donc pas à tester les nombreux styles élaborés et mis à votre disposition par des professionnels : nul doute qu'ils vous feront gagner en efficacité et en temps.

Appliquer un style

Testons les styles sur une forme dessinée par exemple : dans le fichier Présentation pour objets VotrePrénom, cliquez sur la première diapositive et dans l'onglet *Insérer / Insertion*, groupe

Illustrations, déroulez le bouton *Formes* pour insérer la forme *Soleil*.

Dans l'onglet contextuel *Format*, groupe *Styles de formes*, déroulez la galerie des styles et testez les différentes propositions de styles.

Dans les trois exemples ci-dessous, nous avons appliqué tour à tour les styles **Contour Couleur – Or, 4 accentué** puis **Effet discret – Bleu, 1 accentué** puis **Effet intense – Orange, 2 accentué** (pour faire apparaître le nom d'un style, visez l'icône quelques instants sans bouger et sans cliquer).

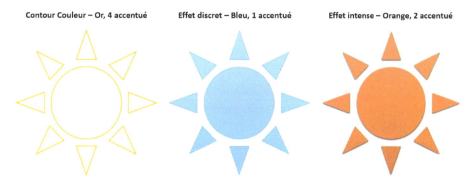

Vous découvrirez un peu plus loin dans ce manuel les styles applicables aux images ou aux graphiques, qui permettent également d'effectuer des mises en forme plus ou moins élaborées en un simple clic :

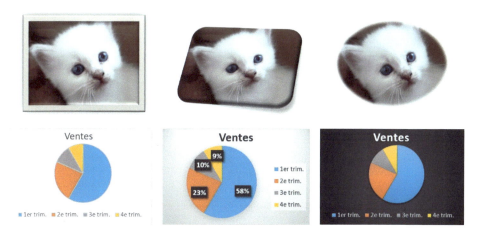

Il peut bien sûr arriver qu'aucun des styles proposés ne vous convienne. Dans ce cas, il va de soi que vous pourrez effectuer vos propres mises en forme. C'est ce que nous vous proposons de découvrir maintenant.

Remplissages, Traits et Effets

- Sélectionnez l'objet et cliquez sur l'onglet contextuel *Format*.
- Le groupe *Styles* vous propose trois boutons pour effectuer vos mises en forme : les boutons *Remplissage*, *Contour* et *Effets* (ou *Disposition* selon l'objet sélectionné).

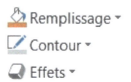

Voyons de quoi il retourne.

Remplissage de forme

Un remplissage est l'intérieur d'un objet. Pour la plupart des objets, vous pouvez modifier la couleur de remplissage ou utiliser une texture, une image ou un dégradé comme remplissage. Un dégradé est une progression graduelle de couleurs et d'ombres, généralement d'une couleur à l'autre, ou d'une ombre à l'autre de la même couleur.

Dans l'onglet contextuel *Format*, déroulez le bouton *Remplissage* du groupe *Styles de formes*, puis effectuez l'une des opérations suivantes :

- Pour modifier la couleur de remplissage, cliquez sur la couleur de votre choix, ou cliquez sur *Aucun remplissage* pour enlever la couleur existante.
- Pour choisir une couleur qui ne figure pas parmi les couleurs du thème actif, cliquez sur *Autres couleurs de remplissage*, puis cliquez sur la couleur souhaitée dans l'onglet *Standard*, ou définissez votre propre couleur dans l'onglet *Personnalisé*. Les couleurs de remplissage personnalisées que vous créez sont ajoutées sous *Couleurs utilisées récemment* pour vous permettre de les réutiliser ultérieurement.
- Pour ajouter une image de remplissage, cliquez sur *Image* et sélectionnez le fichier d'image.
- Pour ajouter ou modifier un dégradé de remplissage, cliquez sur *Dégradé* puis sur la variante souhaitée
- Pour ajouter une texture de remplissage, pointez sur *Texture*, puis cliquez sur la texture souhaitée. Pour personnaliser la texture, cliquez sur *Autres textures*, puis sélectionnez les options souhaitées dans l'onglet qui s'affiche.

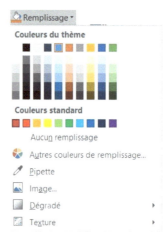

Les traits

Pour modifier l'apparence du trait autour d'une forme, déroulez le bouton *Contour* du groupe *Styles de formes* dans l'onglet contextuel *Format*, puis effectuez l'une des opérations suivantes :

- Pour utiliser une autre couleur de contour, sous *Couleurs du thème* ou *Couleurs standard*, cliquez sur la couleur que vous souhaitez utiliser. Pour supprimer la couleur de contour de l'élément sélectionné, cliquez sur *Aucun contour*.

- Pour utiliser une couleur de contour qui n'est pas disponible sous *Couleurs du thème* ou dans l'onglet *Couleurs standard*, cliquez sur *Autres couleurs de contour*. Les couleurs de contour personnalisées que vous créez sont ajoutées sous *Couleurs utilisées récemment* pour vous permettre de les réutiliser.

- Pour modifier l'épaisseur d'un trait ou d'une bordure, cliquez sur *Épaisseur*, puis sur l'épaisseur de trait que vous souhaitez utiliser. Pour afficher d'autres options de style de trait ou de bordure, cliquez sur *Autres traits*.

- Pour utiliser un trait ou une bordure en pointillés, cliquez sur *Tirets*, puis cliquez sur le type de tirets de votre choix. Pour afficher d'autres options de types de tirets, cliquez sur *Autres traits*.

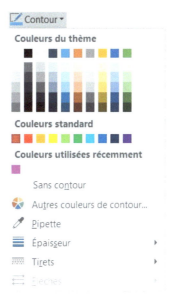

- Si la forme sélectionnée est un trait ou une flèche, cliquez sur *Flèches*, puis sur le style de flèche souhaité. Pour afficher d'autres options de styles de flèches, cliquez sur *Autres flèches*, puis sur l'option de flèche que vous souhaitez utiliser.

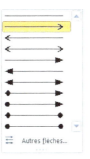

Les effets

Les effets sont des mises en forme visant à donner à l'objet sélectionné un reflet, un aspect 3d, une ombre ou encore un effet matière. Pour appliquer un effet à une forme, cliquez sur *Effets* du groupe *Styles de formes* dans l'onglet contextuel *Format*, puis choisissez l'effet souhaité :

- Pour ajouter un effet intégré prédéfini, pointez sur *Prédéfini*, puis cliquez sur l'effet souhaité. Les effets prédéfinis proposent un mélange des autres effets listés ci-dessous.

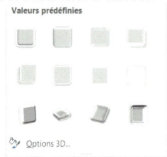

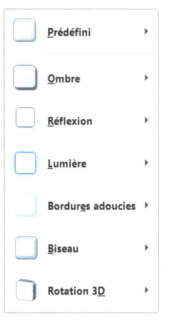

- Pour ajouter ou modifier une ombre, pointez sur *Ombre*, puis cliquez sur celle souhaitée. Pour la personnaliser, utilisez *Options d'ombres*.
- Pour ajouter un effet de reflet, pointez sur *Réflexion*, puis cliquez sur la variation de réflexions souhaitée.
- Pour ajouter un effet d'éclat, pointez sur *Lumière*, puis cliquez sur la variation d'éclats souhaitée. Pour personnaliser les couleurs de lumière, cliquez sur *Autres couleurs de lumière*.
- Pour ajouter une bordure arrondie, pointez sur *Bordures adoucies*, puis cliquez sur la taille souhaitée.
- Pour biseauter les contours, pointez sur *Biseau*, puis cliquez sur l'effet souhaité. Pour personnaliser la bordure, cliquez sur *Options 3D*.
- Pour ajouter une rotation 3D, pointez sur *Rotation 3D*, puis cliquez sur la rotation souhaitée. Pour personnaliser la rotation, cliquez sur *Options de rotation 3D*.

Exercice

Rouvrez si besoin le fichier Présentation pour Objets VotrePrénom. Sélectionnez la dernière diapositive et à l'aide des instructions ci-dessous et du tableau explicatif ci-dessus, modifiez les éléments de la diapositive jusqu'à parvenir au résultat tel que présenté dans la seconde diapositive affichée ci-après :

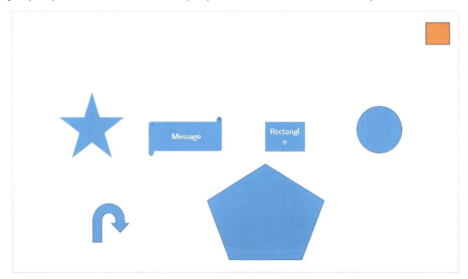

Manipulations à effectuer :

Exercice 1 : manipulations sur les 4 formes en ligne (étoile jusqu'au cercle)

- Changer les couleurs et les contours des formes comme présenté.
- Agrandissez le rectangle orange en largeur seulement.
- Faites légèrement pivoter la forme *Message*.
- Alignez les quatre formes par leur milieu
- Utilisez le bouton *Aligner* pour égaliser l'espace entre les formes
- Regroupez les quatre formes en une seule et placez-la plus haut et à gauche dans la diapositive

Exercice 2 : manipulations sur la flèche demi-tour et le pentagone

- Sélectionnez le pentagone et dans l'onglet contextuel *Format*, déroulez la liste des styles de formes pour appliquer le style *Effet discret – Or, 4 accentué* (les noms des styles s'affichent lorsque vous pointez sans cliquer les carrés de couleur)
- Sélectionnez la flèche demi-tour et appuyez sur *Ctrl + D* au clavier pour la dupliquer
- Déplacez la seconde flèche à côté de la première et alignez-les par le bas.
- Sélectionnez la seconde flèche et dans l'onglet *Format*, déroulez le bouton *Rotation* et cliquez sur *Retourner horizontalement*
- Appliquez un style rapide différent de votre choix sur chacune des deux flèches
- Déplacer le pentagone sur les deux flèches et dans l'onglet *Format*, utilisez le bouton *Reculer* pour le faire passer en arrière-plan des deux flèches

Exercice 3 : manipulations sur le carré orange

- Appliquez la couleur rouge en remplissage et contour sur le carré en haut à droite de la diapositive
- Dupliquez le carré par un cliquer-glisser sur la forme en maintenant la touche *Ctrl* du clavier enfoncée. Positionnez la forme copiée en-dessous de la première forme (ne cherchez pas à l'aligner parfaitement)
- Recommencez l'opération jusqu'à obtenir une colonne de 6 carrés
- Saisissez les chiffres 1 à 6 dans les carrés
- Sélectionnez l'ensemble des carrés et appliquez la police *Impact*
- Conservez votre sélection de tous les carrés et effectuez les manipulations suivantes dans l'onglet contextuel *Format* :

- Déroulez le bouton *Effets* et choisissez un effet à votre convenance dans la liste *Prédéfini*

- Alignez les formes par leur gauche

- Répartissez l'espace verticalement

- Groupez les formes

Enregistrez le fichier Présentation pour objets VotrePrénom .

Les images

PowerPoint a particulièrement soigné les options concernant les manipulations et les mises en forme sur les images et nous offre de très nombreuses possibilités. De plus, PowerPoint met à votre disposition quantités d'images situées non seulement dans différents dossiers de votre ordinateur, mais également sur le site *Microsoft Online* si vous êtes relié à Internet.

Insérer une image

Insérer une image enregistrée dans l'ordinateur

Vous pouvez insérer une image copiée ou enregistrée sur votre ordinateur, issue par exemple d'un appareil photo numérique. Ces images sont souvent au format **.jpg** (ou **.jpeg**), mais peuvent également avoir été créées au format **.png**, **.gif**, **.bmp** ou d'autres encore.

- Si ce n'est pas déjà fait, ouvrez le fichier Présentation pour objets VotrePrénom et positionnez-vous -vous sur la diapositive **La formation PowerPoint**

- Dans l'onglet *Insertion* ou *Insérer*, groupe *Images*, cliquez sur le bouton *Image*

- Dans la boite de dialogue qui s'ouvre à l'écran, parcourez l'arborescence Windows jusqu'au dossier contenant les images (vous trouverez à votre disposition plusieurs images dans le dossier **Images PowerPoint** mis à votre disposition sur le réseau).

- Cliquez sur le fichier d'image **Logo PowerPoint** pour le sélectionner puis cliquez sur le bouton *Insérer* (vous pouvez également double-cliquer sur l'image).

Rechercher et insérer une image Internet

- Positionnez-vous sur la diapositive **Notre Catalogue Formation**

- Dans l'onglet *Insertion / Insérer*, cliquez sur le bouton *Images en ligne*

- Dans la fenêtre qui s'affiche à l'écran, cliquez dans la zone de recherche et saisissez un ou plusieurs mots clés (par exemple **logo Windows**)

- Cliquez sur la loupe à droite de la zone de recherche ou sur *Entrée* au clavier pour lancer la recherche

- Lorsque les résultats de la recherche s'affichent, cliquez sur l'image pour la sélectionner puis cliquez sur le bouton *Insérer*.

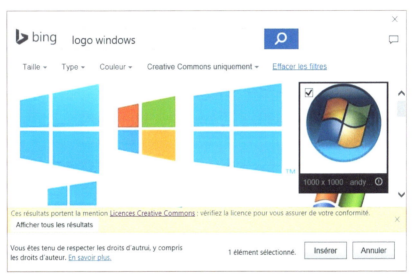

 Vous pouvez également choisir d'ajouter votre image dans la diapositive par les boutons **Images** *ou* **Images en ligne** *disponibles dans les espaces de contenu de certains types de diapositives.*

Déplacer une image

Par défaut, une image se positionne normalement au centre de la diapositive. Pour la déplacer, visez le centre de l'image puis, lorsque le pointeur souris a pris la forme ⊕, cliquez et faites glisser l'image jusqu'à la position voulue sur la diapositive (plus à droite en ce qui nous concerne).

Redimensionner une image

La taille de l'image ne nous convient pas, nous allons la redimensionner rapidement :

- Sélectionnez l'image et visez l'une des poignées d'angle de l'image (petit cercle blanc aux quatre coins)

- Lorsque votre pointeur prend la forme d'une double flèche , cliquez-glissez en diagonale pour la rétrécir ou l'agrandir.

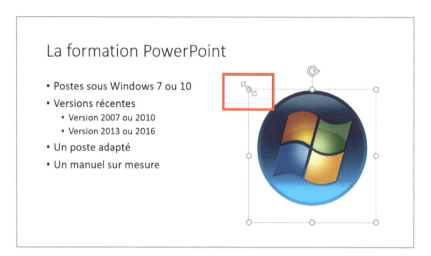

Retravailler une image

Lorsqu'il s'agit de modifier une image, vous devez impérativement l'avoir sélectionnée pour que s'affiche l'onglet contextuel *Format* et pouvoir ainsi accéder à tous les outils de gestion des images.

Onglet Format PowerPoint

Pour effectuer les manipulations qui suivent, rouvrez votre fichier Présentation pour Objets VotrePrénom et insérez une nouvelle diapositive de disposition *Titre seul* après la diapositive **La formation PowerPoint**.

Saisissez le texte **Les images** dans la zone de titre puis insérez l'image **Mésange** mise à votre disposition dans le dossier **Images PowerPoint**.

Redimensionner une image

Nous venons de voir comment redimensionner une image par une de ses poignées d'angle. Vous pouvez cependant redimensionner de façon plus précise :

- Dans l'onglet *Format*, groupe *Taille* à droite du ruban, utilisez la zone *Hauteur de la forme* [14 cm] pour modifier la hauteur de l'image à 14 cm (la largeur s'adaptera automatiquement pour respecter les proportions)

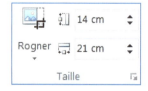

- Pour modifier les options de redimensionnement, cliquez sur le bouton lanceur du groupe *Taille* et utilisez les outils du volet *Format de l'image*.

Rogner une image

Le rognage permet de recadrer une image. Par exemple, nous voulons resserrer le champ sur notre mésange :

- Dans l'onglet contextuel *Format,* groupe *Taille*, cliquez sur le bouton *Rogner*
- Cliquez sur l'une des poignées devenues noires et glissez vers le centre de l'image pour supprimer les bords gauche, droit, haut ou bas de l'image
- Appuyez sur la touche *Echap* au clavier ou cliquez en dehors de l'image pour valider le rognage.

Appliquer un style d'image

Comme nous l'avons déjà indiqué, les styles sont des effets prédéfinis variés. Ils sont particulièrement intéressants (et divertissants !) lorsqu'il s'agit des images.

- Dans l'onglet contextuel *Format*, groupe *Styles*, cliquez sur le bouton *Autres* de la galerie des styles pour visualiser l'ensemble des styles disponibles

Styles d'image

- Cliquez sur un style pour l'appliquer. N'hésitez pas, faites des tests !

 *Pour revenir à votre image d'origine, cliquez sur le bouton **Rétablir l'image*** *dans l'onglet contextuel **Format**, groupe **Ajuster**.*

Appliquer une couleur / une transparence

- Dans l'onglet contextuel ***Format***, groupe ***Ajuster***, déroulez le bouton ***Couleur*** et cliquez sur l'effet
  En exemples ci-dessous, l'effet ***Estompé***, la couleur ***Bleue accent.1 claire*** et la couleur ***Or accent.4 claire***)

Appliquer un effet artistique

- Dans l'onglet contextuel ***Format***, groupe ***Ajuster***, déroulez le bouton Effets artistiques ▾ du et cliquez sur l'effet voulu
  En exemples ci-dessous, les effets ***Coups de pinceau***, ***Crayon - Croquis*** et ***Emballage plastique***

Exercice

Sur la diapositive **Les images** créée précédemment dans le fichier Présentation pour objets VotrePrénom, insérez l'image **Rome Fontaine de Trevi.** Effectuez les manipulations suivantes :

- Réduisez sa taille de moitié environ
- Positionnez-la à droite de l'image **Mésange** sur la diapositive

- Rogner l'image pour la recadrer sur le personnage central
- Redimensionner l'image pour lui donner une hauteur de 12 cm exactement
- Appliquez le style *Pivoté blanc*

Vous devez obtenir le résultat suivant :

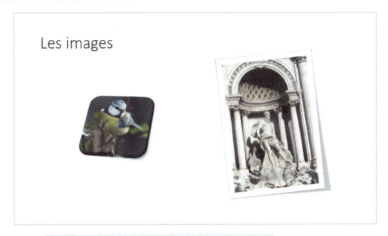

Enregistrez votre fichier Présentation pour objets VotrePrénom.

Les formes

Pour effectuer les manipulations suivantes, ouvrez le fichier Présentation pour objets VotrePrénom et insérez une nouvelle diapositive de disposition *Vide* à la fin de la présentation.

Insérer une forme

- Pour ajouter une forme à votre diapositive, déroulez le bouton *Formes* que vous trouverez dans l'onglet *Insertion / Insérer,* groupe *Illustrations* (vous pouvez également utiliser la galerie dans l'onglet *Accueil,* groupe *Dessin*).

- Dans la liste des formes proposées, cliquez une fois sur la forme pour activer le bouton

- Cliquez-glissez à l'endroit voulu de la diapositive pour dessiner la forme.

 Pour tracer un trait droit, un cercle ou un carré parfait, tracez la forme en maintenant la touche Majuscule du clavier enfoncée.

Nous voulons par exemple créer un organigramme dans notre nouvelle diapositive.
- Commencez par insérer une forme *Rectangle* en haut et au milieu de la diapositive.
- Dans l'onglet *Format*, rectifiez sa taille à 2 cm de haut sur 6 cm de large et appliquez-lui le style *Effet discret - Bleu 1, Accentué*.

Ajouter du texte dans une forme

Rien de plus facile que d'ajouter du texte dans une forme : cliquez sur la forme et saisissez simplement le texte au clavier.

- Dans le rectangle créé, saisissez le texte **Arrivée visiteur**.
- Dans l'onglet *Accueil*, choisissez la police *Arial black* et appliquez une couleur de police bleue foncée

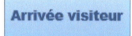

Les zones de texte

Les *zones de texte* vous permettent d'ajouter un texte librement sur votre diapositive ; contrairement à la forme *Rectangle* que nous venons d'utiliser, une *zone de texte* se crée par défaut sans contour ni fond.

- Dans l'onglet *Insertion / Insérer,* groupe *Texte,* cliquez une fois sur le bouton *Zone de texte* pour l'activer
- Cliquez une fois en haut à gauche de la diapositive (la taille d'une zone de texte s'adapte automatiquement à son contenu, inutile donc de tracer une taille précise lorsque vous voulez la créer)
- Saisissez **Procédure d'accueil des visiteurs**
- Redimensionnez la taille de la zone de texte pour que le texte se présente sur deux lignes.

Modifier une forme

Si vous avez déjà beaucoup travaillé et personnalisé une forme et que vous souhaitez changer de type de forme (qu'un rectangle devienne un rectangle à coins arrondis par exemple), vous pouvez le faire sans avoir à tout recommencer :

- Sélectionnez le rectangle **Arrivée visiteur** et cliquez sur le bouton [Modifier la forme ▾] de l'onglet contextuel *Format*
- Cliquez à nouveau sur *Modifier la forme* puis dans la liste qui s'affiche, cliquez sur *Rectangle : coins arrondis*.

Poursuivons nos manipulations :

- Dupliquez la forme **Arrivée visiteur** et dans la nouvelle forme, remplacez le texte par **Enregistrement coordonnées**
  Diminuez la taille de la police à 16 points
  Placez la forme en-dessous de la première
- Dupliquez cette seconde forme et utilisez le bouton *Modifier la forme* pour changer la troisième forme en un losange *Décision* du groupe *Organigrammes*
  Placez le losange en-dessous de la seconde forme
  Modifiez le texte en **Visiteur attendu ?**
  Augmentez autant que nécessaire la hauteur du losange pour une bonne lisibilité du texte
- Ajouter deux zones de texte à gauche et à droite du losange, celle de gauche contenant le mot **Oui**, celle de droite le mot **Non**.

Pour finir, nous avons encore besoin de dupliquer trois fois le rectangle à coins arrondis jusqu'à obtenir la diapositive ci-dessous. Surtout, n'oubliez pas d'aligner correctement vos formes, aussi bien verticalement qu'horizontalement selon les besoins, par le bouton *Aligner* de l'onglet *Format*.

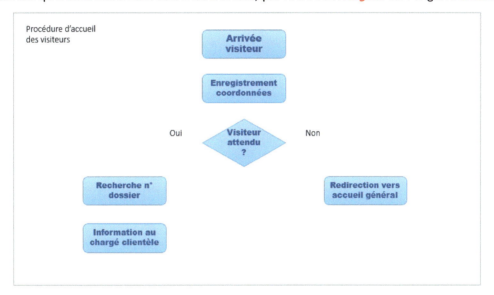

Connecter les formes entre elles

Nous allons maintenant finaliser notre organigramme en reliant les formes par des flèches.

- Dans l'onglet *Insertion / Insérer*, groupe *Illustrations*, déroulez le bouton *Formes*
- Sous la rubrique *Lignes*, cliquez une fois sur la flèche ⬂ pour l'activer
- Visez sans cliquer la forme **Arrivée visiteur** jusqu'à voir apparaître quatre poignées grises
  Visez soigneusement la poignée inférieure, cliquez puis glissez sans relâcher vers la forme **Enregistrement coordonnées** jusqu'à l'apparition des poignées de cette forme.
  Relâchez la souris sur la poignée du bord supérieur.

- Reliez de la même façon le rectangle **Enregistrement coordonnées** au losange **Visiteur attendu ?**

A présent, nous avons besoin d'une autre flèche pour relier le losange **Visiteur attendu ?** aux rectangles **Recherche n° dossier** et **Redirection vers accueil général**.

- Retournez dans le bouton *Formes* et cliquez cette fois sur le bouton *Connecteur en angle avec flèche* .

   Cliquez-glissez depuis la poignée gauche du losange **Visiteur attendu ?** jusqu'à la poignée supérieure du rectangle **Recherche n° dossier**.
- Faites de même pour relier la poignée droite du losange à la poignée supérieure du rectangle **Redirection vers accueil général.**
- Reliez enfin la dernière forme par une flèche droite pour obtenir le résultat final suivant :

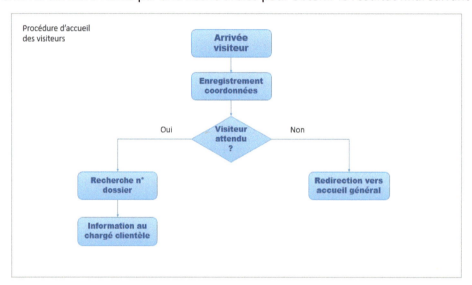

 Si vous avez de nombreuses connections identiques à tracer, vous pouvez éviter de revenir chaque fois réactiver la flèche dans le bouton Formes : cliquez droit sur la flèche que vous voulez utiliser et cliquez sur Mode Verrouillage du dessin. Tracez toutes vos flèches puis à la fin de vos manipulations, appuyez sur Echap au clavier pour désactiver le bouton.

 Si vous reformatez souvent vos objets avec les mêmes effets, vous voudrez peut-être que vos mises en forme s'appliquent automatiquement dès la création d'une nouvelle forme ? Dans ce cas, cliquez droit sur une des formes que vous avez retravaillées et choisissez Définir comme forme par défaut. Toutes les futures formes créées auront les mêmes caractéristiques.

Le texte WordArt

Vous pouvez utiliser des objets WordArt pour créer des textes dont les lettres seront très travaillées. Pour effectuer les manipulations suivantes, ouvrez le fichier Présentation pour objets VotrePrénom et ajoutez une nouvelle diapositive de disposition *Titre et contenu* à la fin de la présentation. Saisissez **WordArt** en titre de la diapositive.

Ajouter un objet WordArt

- Sous l'onglet *Insertion / Insérer*, groupe *Texte*, cliquez sur le bouton *WordArt* .

- Dans la liste d'effets WordArt qui s'affiche, cliquez sur le style *Remplissage : Gris, Couleur d'Accentuation 3, biseau net*.
- Dans la zone qui s'affiche à l'écran, saisissez le texte **Créer un texte WordArt**.

Créer un texte WordArt

Modifier un objet WordArt

Pour personnaliser votre texte WordArt, vous pouvez utiliser tous les outils communs de l'onglet *Accueil* (gras, police...) et les outils du groupe *WordArt* de l'onglet contextuel *Format.*

+Pour ajouter un effet supplémentaire spécifique tel que ci-dessous par exemple, déroulez le bouton *Effets du texte* A ˅ du groupe *Styles WordArt*, cliquez sur abc Transformer ▸ puis sur l'effet désiré dans la liste qui s'affiche. Ci-dessous l'effet *Triangle bas*.

Créer un texte WordArt

Les graphiques SmartArt

Un *graphique SmartArt* est une représentation graphique de vos informations qui peut vous aider à faire passer votre message ou vos idées efficacement. PowerPoint met à votre disposition de nombreux modèles d'aspect très professionnel qu'il vous suffit d'utiliser pour donner une toute autre dimension à vos diapositives.

Pour les manipulations suivantes, ouvrez le fichier Présentation pour objets VotrePrénom et insérez une nouvelle diapositive de disposition *Titre et contenu*. Saisissez le texte **Graphiques SmartArt 1** dans la zone de titre.

Créer un graphique SmartArt

- Dans l'onglet *Insertion / Insérer*, groupe *Illustrations*, cliquez sur le bouton *SmartArt* .
  Vous pouvez également cliquer sur l'icône *Insérer un graphique SmartArt* affiché dans l'espace

réservé de la diapositive.
- Dans la fenêtre qui s'affiche, cliquez dans la colonne de gauche sur le type de graphique recherché (cliquez sur Processus).
- Enfin, cliquez sur la disposition de graphique SmartArt que vous souhaitez insérer, en vous aidant au besoin de la définition qui s'affiche en bas à droite de la fenêtre.

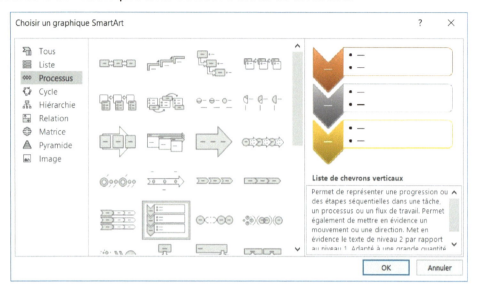

- Sélectionnez *Liste chevrons verticaux*) et validez par OK.
Le SmartArt est inséré sur la diapositive

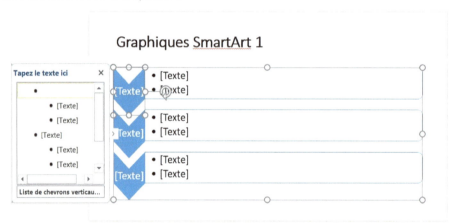

Saisie du texte

Pour saisir le texte, vous pouvez utiliser le volet de saisie *Tapez le texte ici* qui s'affiche sur la gauche du graphique ou vous pouvez saisir directement dans les formes du graphique.

Saisie du texte par le volet

A noter que si le volet de saisie n'est pas affiché, il vous suffit de cliquer sur le bouton ‹ visible sur la bordure gauche du SmartArt
- Cliquez pour positionner votre curseur sur le premier paragraphe de Niveau 1 (chaque paragraphe de niveau 1 correspond à un chevron dans le SmartArt)
- Saisissez Windows ; remarquez que le texte s'inscrit simultanément dans le premier chevron du

SmartArt
- Cliquez sur la ligne du premier sous-paragraphe et saisissez **Système d'exploitation**
- Cliquez sur la ligne du second sous-paragraphe et saisissez **Gestion des périphériques**
- Appuyez sur *Entrée* pour créer un troisième sous-paragraphe

   Nous voudrions en fait un sous-paragraphe de niveau 3 : dans l'onglet contextuel *Création*, groupe *Créer un graphique*, cliquez sur le bouton *Abaisser*
- Saisissez le texte **Imprimantes, clavier, souris...**
- Cliquez sur le second paragraphe de niveau 1 (correspondant au second chevron) et saisissez **Word**
   - Cliquez sur la ligne du premier sous-paragraphe et saisissez **Traitement de texte**
   - Nous n'avons pas besoin de la deuxième ligne : appuyez sur la touche *Suppr* au clavier pour la supprimer

Nous allons maintenant poursuivre notre saisie par la seconde méthode, à savoir directement dans le SmartArt.

Pour commencer, refermez le volet de saisie qui devient encombrant en cliquant sur le bouton ⟩ visible sur la bordure gauche du SmartArt

Saisie du texte dans le SmartArt

- Cliquez dans le troisième chevron et saisissez **Excel**
   - Cliquez dans la zone à droite du chevron et saisissez **Tableur**
   - Cliquez sur la deuxième ligne à puce et saisissez **Graphiques**
   - Appuyez sur *Entrée* au clavier pour créer une troisième ligne à puce et saisissez **Listes de données**
   - Nous voulons maintenant créer un sous-paragraphe au texte **Listes de données** : appuyez sur *Entrée* au clavier pour créer une nouvelle ligne puis activez l'onglet contextuel *Création* et cliquez sur le bouton *Abaisser* du groupe *Créer un graphique*
   - Saisissez **Tris et filtres**
   - Appuyez sur *Entrée* au clavier et saisissez **Tableaux croisés dynamiques**

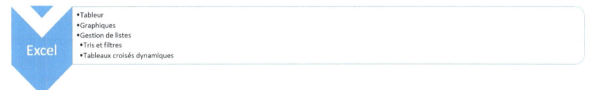

Cela pourrait se terminer ici, mais non : nous avons besoin d'un autre chevron pour Outlook.

Ajouter une forme à un graphique SmartArt

Pour créer un quatrième chevron, procédez comme suit :

- Cliquez dans le dernier chevron et dans l'onglet contextuel *Création*, groupe *Créer un graphique*, cliquez sur le bouton *Ajouter une forme*

Complétez la saisie comme suit :

- Saisissez **Outlook** dans le quatrième chevron
- Cliquez sur la zone à droite du chevron (la puce apparaîtra dès le début de la saisie) et saisissez **Messagerie**
- Appuyez sur *Entrée* au clavier et saisissez **Contacts**
    - Appuyez sur *Entrée* au clavier et saisissez **Calendrier**

 *Pour ajouter une nouvelle forme, vous pouviez également rester sur la dernière ligne de puces saisie (ici **Tableaux croisés dynamiques)**, créer une nouvelle ligne puis cliquer sur le bouton* *Promouvoir* *de l'onglet contextuel* *Création* *jusqu'à la création de la nouvelle forme.*

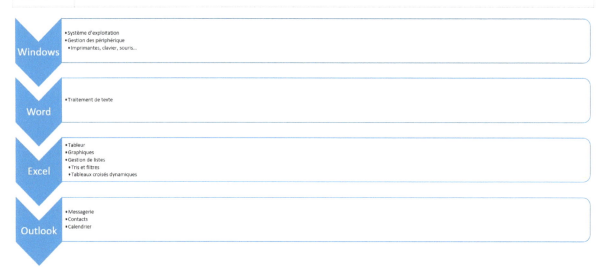

Changer la disposition du graphique SmartArt

Notre choix d'une liste à chevrons n'était visiblement pas des plus judicieuses : beaucoup de texte oblige PowerPoint à trop diminuer la taille de la police. Heureusement, nous pouvons tester d'autres dispositions.

- Sélectionnez le SmartArt et dans l'onglet contextuel *Création*, groupe *Dispositions*, cliquez sur le bouton *Autres* ⏷ de la galerie
- Cliquez sur *Autres dispositions* en bas de la liste affichée
- Cliquez sur la catégorie *Liste* sur la gauche de la fenêtre puis sélectionnez par exemple la disposition *Liste à puces verticale*.

Qu'en pensez-vous ? Oui, non, peut-être... Voyons-en un autre : *Liste de blocs verticale*. Non ? Alors pourquoi pas *Liste trapézoïdale ?* Ah, ce pourrait bien être le bon. Mais nous voulons encore faire quelques tests, sans perdre toutefois *Liste trapézoïdale* qui nous plaît vraiment beaucoup.
Nous allons donc dupliquer notre diapositive avant de changer à nouveau de SmartArt. Pour cela, vous pourriez bien sûr copier/coller la diapositive, mais un raccourci existe :

- Cliquez droit sur la miniature de la diapositive dans le volet de navigation à gauche de l'écran et cliquez directement sur *Dupliquer la diapositive*.

Dans la nouvelle diapositive ainsi créée, modifiez le titre de la diapositive en **Graphique SmartArt 2**. Nous pouvons à présent continuer de tester notre graphique SmartArt :

- Sélectionnez le SmartArt et dans l'onglet contextuel *Création*, groupe *Dispositions*, cliquez sur le bouton *Autres* de la galerie pour sélectionner *Zone de liste verticale*.

Comme vous l'aurez compris, vous ne trouverez pas forcément tout de suite la meilleure représentation pour votre texte, le mieux est de chercher et de tester comme nous venons de le faire jusqu'à ce que vous trouviez le graphique le mieux adapté à vos données.

Personnaliser un graphique SmartArt

Modifier les couleurs d'un graphique SmartArt entier

Vous pouvez appliquer des variations de couleurs du thème à votre graphique SmartArt :

- Dans l'onglet *Création*, groupe *Styles SmartArt*, cliquez sur *Modifier les couleurs*.

- Cliquez sur la variation de couleurs désirée.

Appliquer un style à un graphique SmartArt

Et bien sûr, vous pouvez appliquer un style à votre graphique SmartArt pour lui donner un aspect professionnel et unique.

- Dans l'onglet *Création*, groupe *Styles SmartArt*, cliquez sur le style rapide désiré (ci-dessous, style 3D *Poli*).

Si vous avez déjà saisi du texte dans une zone à puces de la diapositive, vous pouvez le convertir en graphique SmartArt : dans l'onglet Accueil, groupe Paragraphe, cliquez sur le bouton Convertir en graphique SmartArt .

Les organigrammes hiérarchiques

Il existe un type de graphique *SmartArt* spécifique pour vous aider à créer rapidement et très facilement un organigramme hiérarchique.

Pour effectuer les manipulations suivantes, ouvrez le fichier Présentation pour objets VotrePrénom et ajoutez une nouvelle diapositive de disposition *Titre et contenu* à la fin de la présentation. Saisissez en titre le texte **Organigrammes hiérarchiques 1**.

Créer un organigramme hiérarchique

- Cliquez sur le bouton *SmartArt* dans l'onglet *Insertion*, groupe *Illustrations.*

- Dans la colonne de gauche, cliquez sur *Hiérarchie* puis choisissez la première disposition *Organigramme* .

Modifiez un organigramme hiérarchique

Ajouter une forme
- Cliquez sur une forme existante de l'organigramme.
- Dans l'onglet contextuel *Création*, groupe *Créer un graphique*, déroulez le bouton *Ajouter une forme* et sélectionnez l'option souhaitée.
N'hésitez pas à tester les différentes options proposées.

Changer le niveau d'une forme
- Cliquez sur la forme et dans l'onglet contextuel *Création*, groupe *Créer un graphique*, utilisez les boutons *Promouvoir* ou *Abaisser*.

Changer la position des formes
- Cliquez sur la forme au-dessus des formes concernées puis déroulez le bouton *Disposition* de l'onglet contextuel *Création*. Une disposition affecte la position de toutes les formes sous la forme sélectionnée.

Testez les différentes options de positionnement proposées (dans l'exemple ci-dessous, vous devez sélectionner **Directeur** pour effectuer vos tests).

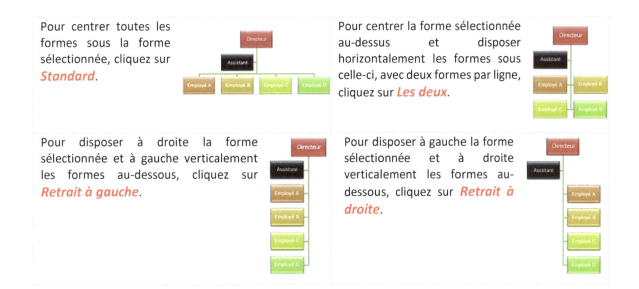

Pour centrer toutes les formes sous la forme sélectionnée, cliquez sur *Standard*.		Pour centrer la forme sélectionnée au-dessus et disposer horizontalement les formes sous celle-ci, avec deux formes par ligne, cliquez sur *Les deux*.	
Pour disposer à droite la forme sélectionnée et à gauche verticalement les formes au-dessous, cliquez sur *Retrait à gauche*.		Pour disposer à gauche la forme sélectionnée et à droite verticalement les formes au-dessous, cliquez sur *Retrait à droite*.	

Modifier les couleurs et les styles

- Dans l'onglet contextuel *Création*, groupe *Styles SmartArt*, utilisez la galerie des styles et le bouton *Modifier les couleurs*.

Testez les différentes options proposées.

Exercice

Utilisez les outils décrits ci-dessus pour créer et mettre en forme l'organigramme ci-dessous dans la diapositive créée :

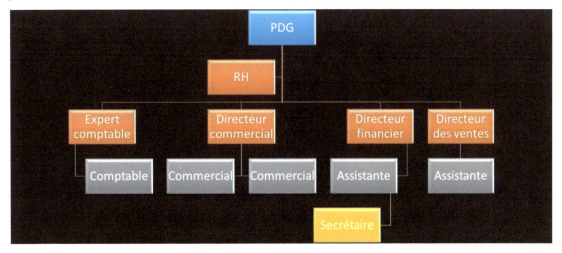

Changer la disposition de l'organigramme hiérarchique

A présent que vous avez réalisé votre organigramme, testez si une autre disposition ne vous conviendrait pas davantage. Pour ce faire, nous allons tout d'abord copier la diapositive contenant notre organigramme :

- Cliquez droit sur la miniature de la diapositive dans le volet de navigation et cliquez sur *Dupliquer la diapositive*.
- Modifier le titre de la diapositive en **Organigramme hiérarchique 2**.

Sélectionnez maintenant l'organigramme de la nouvelle diapositive créée et testez les différentes dispositions proposées dans le groupe *Dispositions* de l'onglet contextuel *Création*.

Ci-dessous par exemple les dispositions *Organigramme avec Titre et nom* et *Hiérarchie avec images rondes*.

Les tableaux PowerPoint

Lorsqu'il s'agit d'ajouter un tableau dans PowerPoint, une question se pose généralement : mon tableau existe-t-il déjà sous Word ou sous Excel ? Si oui, on rechigne généralement à le ressaisir, et c'est bien normal. Aucun problème, PowerPoint permet tout à fait de récupérer un tableau Excel ou un tableau Word. Mais sachez qu'il est également capable de créer et de gérer des tableaux "natifs", et c'est ce que nous allons voir tout d'abord.

Pour les manipulations suivantes, ouvrez le fichier Présentation pour objets VotrePrénom et insérez une nouvelle diapositive de disposition *Titre et contenu* après la diapositive existante **Quelques informations**. Dans la zone de titre de la nouvelle diapositive, saisissez le texte **Restaurant Le Bon Manger**.

Insérer un tableau PowerPoint

Plusieurs méthodes existent pour créer un tableau PowerPoint, à vous de choisir celle qui vous convient le mieux.

Par le ruban

- Dans l'onglet *Insertion / Insérer*, groupe *Tableaux*, cliquez sur le bouton *Tableau*
- Cliquez-glissez sur la grille qui s'affiche pour indiquer le nombre de colonnes et de lignes du tableau.

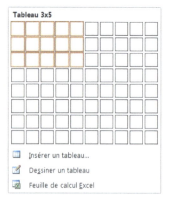

Vous pouvez également créer votre tableau en utilisant la commande Dessiner un tableau. A noter cependant que cette méthode demande plus de temps et d'efforts.

<u>*Par l'espace réservé*</u>

- Cliquez sur le bouton au centre de l'espace réservé des diapositives de disposition *Titre et contenu*, *Deux contenus*, *Comparaison* ou *Contenu avec légende*.
- Dans la boite de dialogue qui s'affiche, indiquez le nombre de colonnes et de lignes et validez par *OK*.

Supprimer un tableau

- Cliquez sur une cellule du tableau et dans l'onglet contextuel *Disposition*, groupe *Lignes et colonnes*, cliquez sur le bouton *Supprimer* puis sur *Supprimer le tableau*.

 La touche Suppr du clavier ne permet pas de supprimer le tableau mais simplement de vider ses cellules. Par contre, vous pouvez rapidement supprimer le tableau, après l'avoir sélectionné, par la commande Couper (Ctrl X).

Saisir, se déplacer et sélectionner dans un tableau

<u>*La saisie*</u>

Pour effectuer votre saisie dans un tableau PowerPoint, favorisez la touche *Tabulation* du clavier car elle présente plusieurs avantages :

- Elle permet de passer d'une cellule à l'autre sur une même ligne puis, en fin de ligne, de passer à la première cellule de la ligne suivante
- Si votre curseur se trouve dans la dernière cellule en bas à droite du tableau, un appui sur la touche *Tabulation* vous permet d'ajouter rapidement une nouvelle ligne de cellules à la fin du tableau
- PowerPoint ajoute automatiquement une majuscule en début de cellule

Exercice

Dans la diapositive **Restaurant Le Bon Manger** créée précédemment, insérez un tableau de 4 colonnes sur 2 lignes puis saisissez le tableau suivant :

Jour	Midi	Soir	Total
Lundi	15	112	127
Mardi	31	99	130
Mercredi	8	23	31
Jeudi	42	128	170
Vendredi	55	130	185
Total	151	492	643

Mettre en forme un tableau

Tout d'abord, sachez que vous pouvez utiliser la plupart des outils de l'onglet *Accueil*. Par exemple, sélectionnez la ligne de titre du tableau et agrandissez la taille de police à 24 et centrez le texte des cellules.

Mais des mises en forme spécifiques aux tableaux sont également disponibles dans les onglets contextuels *Création* et *Disposition* qui s'affichent sitôt que vous vous positionnez ou que vous sélectionnez un tableau.

Appliquer un style de tableau

Vous avez sans doute compris maintenant la notion de *style* ; pour les tableaux également, PowerPoint propose des mises en forme prédéfinies parmi lesquelles vous n'avez plus qu'à faire un choix.

- Cliquez sur une cellule du tableau puis dans l'onglet contextuel *Création*, groupe *Styles de tableaux*, cliquez sur le bouton *Autres* ⏷ de la galerie
- Cliquez sur la mise en forme de votre choix, par exemple *Style foncé 1 – Accentuation 2.*

De plus, nous voulons que la première colonne du tableau soit mise en évidence :

- Dans l'onglet contextuel *Création*, groupe *Options de styles de tableau*, cochez l'option *Première colonne*.

Vous deviez avoir obtenu le tableau suivant :

Jour	Midi	Soir	Total
Lundi	15	112	127
Mardi	31	99	130
Mercredi	8	23	31
Jeudi	42	128	170
Vendredi	55	130	185
Total	151	492	643

Bien sûr, n'hésitez pas à tester les autres styles et options de tableau (comment résister ?), mais n'oubliez pas de revenir en arrière ↺ ▾ pour conserver au final le tableau tel qu'il est présenté ci-dessus.

Redimensionner les lignes ou les colonnes du tableau

Notre tableau semble un peu étriqué, n'est-ce pas ? Nous voulons augmenter la hauteur de la ligne de titres.

- Sélectionnez la ligne (ou positionnez simplement votre curseur dans une de ses cellules) puis dans l'onglet contextuel *Disposition*, groupe *Taille de la cellule*, augmentez la hauteur à **2 cm** dans la première zone *Hauteur* ▯▯ 2 cm ⬍ .

De la même façon, nous allons augmenter la largeur de la première colonne :

- Sélectionnez la colonne (ou positionnez simplement votre curseur dans une de ses cellules) puis dans l'onglet contextuel *Disposition*, groupe *Taille de la cellule*, augmentez la largeur à **6,5 cm** dans la seconde zone *Largeur* ⊟ 6,5 cm ⬍ .

Finalement, nous avons trop agrandi la colonne. Nous allons la redimensionner de nouveau, mais en prenant cette fois un petit raccourci :

- Amenez le pointeur sur la bordure droite de la colonne et lorsque le pointeur prend la forme ↔, cliquez-glissez vers la gauche pour rétrécir légèrement la colonne.

Uniformiser la largeur des colonnes et la hauteur des lignes

Aïe, notre colonne **Midi** s'est agrandie en même temps que la colonne **Jour** rétrécissait ! Nous devons maintenant redonner la même taille à nos trois dernières colonnes.

- Sélectionnez les colonnes et dans l'onglet contextuel *Disposition*, groupe *Taille de la cellule*, cliquez tout simplement sur le bouton *Distribuer les colonnes* ⊞ .

La même chose existe bien sûr pour les lignes :

- Amenez le pointeur sur la bordure inférieure de la ligne du **Jeudi** et lorsque le pointeur prend la forme ⥮, cliquez-glissez vers le bas pour l'agrandir franchement (triplez sa taille).
- Sélectionnez les lignes de **Lundi** à **Total** et cliquez sur le bouton *Distribuer les lignes* ⊟ du groupe *Taille de la cellule.*

Jour	Midi	Soir	Total
Lundi	15	112	127
Mardi	31	99	130
Mercredi	8	23	31
Jeudi	42	128	170
Vendredi	55	130	185
Total	151	492	643

Un problème de réglé, un autre qui se pose ! Maintenant, nous voyons que le contenu des cellules ne s'aligne pas correctement, non seulement dans la largeur, mais aussi dans sa hauteur. Un rien va nous régler le problème :

- Sélectionnez l'ensemble du tableau et dans l'onglet contextuel *Disposition*, groupe *Alignement*, cliquez sur le bouton de centrage horizontal ☰ puis sur le bouton de centrage vertical ⊟ .

Modifier la taille globale du tableau

Avec PowerPoint, votre tableau dans son ensemble peut être agrandi ou rétréci le plus simplement du monde.

- Cliquez sur le tableau pour faire apparaître ses bordures
- Observez les huit poignées blanches sur chaque côté et aux quatre angles du tableau : il s'agit des *poignées de redimensionnement*
- Visez l'une des poignées et cliquez-glissez pour agrandir ou rétrécir le tableau.

- Pour vérifier ou modifier la taille globale de votre tableau, vous pouvez également utiliser les outils dans l'onglet contextuel *Disposition*, groupe *Taille du tableau.*

 Pour conserver les proportions hauteur/largeur du tableau, cochez l'option Conserver les proportions du groupe Taille du tableau avant de modifier la hauteur ou la largeur du tableau.

Ajouter des lignes ou des colonnes

Et si nous voulions rajouter la ligne **Samedi** ? Là aussi, tout est prévu :

- Cliquez sur une cellule dans la ligne **Total** ou de la ligne **Vendredi**
- Dans le groupe *Lignes et colonnes* de l'onglet *Disposition*, cliquez sur le bouton *Insérer au-dessus* ou sur le bouton *Insérer en dessous* selon l'endroit où vous vous êtes positionné.

Cliquez sur *Annuler* ⤺ ▾ pour revenir en arrière, car nous ne voulons pas finalement de cette nouvelle ligne.

Bien sûr, vous aurez remarqué que nous pourrions de la même manière rajouter de nouvelles colonnes grâce aux boutons *Insérer à gauche* ou *Insérer à droite*.

Supprimer lignes ou colonnes

- Dans l'onglet contextuel *Disposition*, groupe *Lignes et colonnes*, dérouler le bouton *Supprimer* 🗙 et choisissez l'option souhaitée en fonction de votre position ou de votre sélection en cours dans le tableau.

Fusionner et fractionner les cellules

Quelque chose manque encore : le titre du tableau, que nous voulons centrer au-dessus du tableau. Commençons par insérer une nouvelle ligne au-dessus de la ligne des titres :

- Sélectionnez ou positionnez-vous sur une cellule de la première ligne puis cliquez sur le bouton *Insérer au-dessus* dans le groupe *Lignes et colonnes* de l'onglet *Disposition.*
- Sélectionnez les cellules de la nouvelle ligne et cliquez sur le bouton *Fusionner* du groupe *Fusionner* dans l'onglet contextuel *Disposition*.
- Saisissez le texte **Semaine 28** en titre du tableau

Comme vous pouvez le deviner, le bouton *Fractionner* travaille à l'inverse du bouton *Fusionner* et permet quant à lui de séparer une cellule unique en plusieurs cellules.

 Fusionner ou fractionner des cellules rend beaucoup plus difficile le travail sur le tableau (insertion et suppression de lignes ou de colonnes notamment). Mieux vaut toujours attendre d'avoir finalisé votre tableau pour procéder à une fusion ou à un fractionnement de vos cellules.

Enregistrez et fermez votre fichier Présentation pour objets VotrePrénom.

Exercice

Créez une nouvelle présentation et enregistrez-la dans votre dossier sous le nom Présentation d'exercices tableaux et graphiques VotrePrénom.

Appliquez le thème *Berlin*, modifiez le jeu de couleurs du thème pour choisir *Jaune*.

Dans la diapositive de titre, saisissez le titre **Tableaux et Graphiques** et dans la zone du sous-titre **Exercices PowerPoint**, saisissez le texte suivi d'un retour à la ligne et de votre **prénom** et de votre **nom**.

Créez une nouvelle diapositive de disposition *Deux contenus* et saisissez **Les tableaux PowerPoint** dans la zone de titre, puis complétez la diapositive comme suit :

Dans l'espace réservé de gauche, saisissez le texte suivant :	Dans l'espace réservé de droite, utilisez le bouton pour ajouter le tableau suivant :

Dans l'espace réservé de gauche, saisissez le texte suivant :

- Saisie
- Mise en forme
  - Styles
  - Personnalisation
- Redimensionnement
  - Globale tableau
  - Lignes et colonnes

Dans l'espace réservé de droite, utilisez le bouton pour ajouter le tableau suivant :

Trimestre 1	Romans	Policiers	Histoire	Total
Janvier	1 900	525	1 000	3 425
Février	1 700	950	850	3 500
Mars	1 950	800	1 000	3 750
Total	5 550	2 275	2 850	10 675

Utilisez le groupe *Taille* de l'onglet contextuel *Disposition* pour régler la taille du tableau à 6 x 20 cm et l'onglet *Format* pour régler la taille de la zone de puces à 6,5 cm x 20 cm.

Déplacez les espaces réservés jusqu'à présenter le tableau en-dessous de la zone à puces.

Retravaillez la mise en forme du tableau comme suit :

- Centrez les titres de la première ligne horizontalement et verticalement
- Alignez tous les nombres à droite
- Agrandissez d'environ 1 cm la première colonne
- Utilisez le bouton *Distribuez les colonnes* pour égaliser la largeur des 4 dernières colonnes.
- Insérez une nouvelle ligne au-dessus de la ligne de titre et fusionnez les cellules ; saisissez le titre **VENTES LIVRES**. Redimensionnez le tableau pour lui donner la hauteur de 6,2 cm.
- Dans les *Options de styles du tableau*, activez les options *A la première colonne* et *Ligne de totaux*
- Appliquez le style *Style foncé 1 – Accentuation 5*

Vous devez obtenir le résultat ci-dessous.

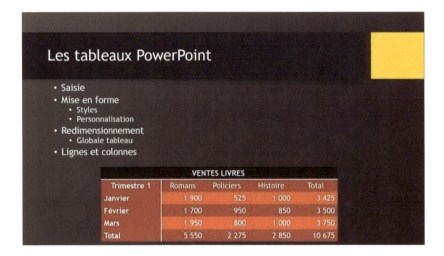

Enregistrez le fichier Présentation d'exercices tableaux et graphiques VotrePrénom.

Insérer un tableau Excel

Nous avons commencé par découvrir les tableaux "natifs" PowerPoint. Mais bien sûr, il n'est pas rare que le tableau soit déjà créé sous Excel. Voici comment procéder pour ne pas avoir à ressaisir le tableau dans PowerPoint :

- Ouvrez votre fichier Présentation d'exercices tableaux et graphiques VotrePrénom et insérez une nouvelle diapositive de disposition *Titre seul* à la suite de la diapositive **Les Tableaux PowerPoint**. Saisissez en titre **Les Tableaux Excel**.

- Lancez Excel, ouvrez le fichier Tableaux Excel pour diapositives et sélectionnez le tableau de la deuxième feuille **Electricité**. Dans l'onglet *Accueil*, groupe *Presse-papiers*, cliquez sur le bouton *Copier* (ou pressez *Ctrl C* au clavier).

Pour éviter que le quadrillage grisé de la feuille Excel ne soit visible dans PowerPoint, vous pouvez le masquer avant d'effectuer votre copie du tableau : dans l'onglet Affichage d'Excel, décochez l'option Quadrillage.

- Revenez sur la diapositive et cliquez sur la flèche déroulante du bouton *Coller* du groupe *Presse-papiers* dans l'onglet *Accueil* et sélectionnez l'option *Collage spécial*

- Dans la boite de dialogue qui s'affiche à l'écran, sélectionnez la ligne *Objet Feuille de calcul Microsoft Office Excel* et validez par *OK*.

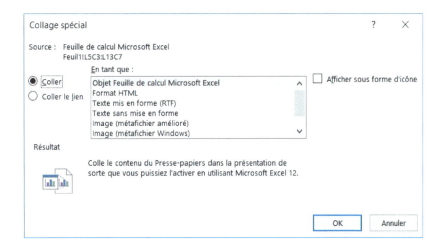

-   Vous devez obtenir le résultat suivant :

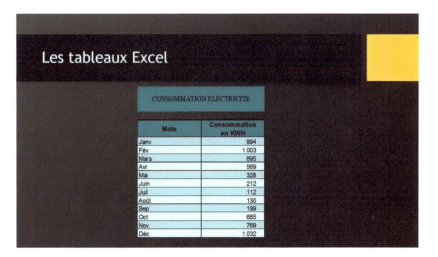

Le fait d'avoir choisi de coller votre tableau en tant que tableau Excel signifie que le tableau intégré à la diapositive reste un tableau Excel et conserve un lien avec son programme d'origine. Ainsi, si vous double-cliquez sur le tableau, vous pouvez accéder à toutes les fonctionnalités d'Excel telles que les formules de calcul ou les mises en forme et donc modifier votre tableau en utilisant les outils d'Excel.
Pour revenir à votre diapositive, il vous suffit de cliquer une fois sur le fond de la diapositive, en-dehors de la zone du tableau.

Dans la fenêtre du Collage spécial, *vous pouvez également choisir l'une des options de collage en tant qu'image ; dans ce cas, aucune modification ne sera plus possible sur le contenu du tableau.*

La balise de collage

Lorsque vous collez un tableau Excel sur une diapositive en cliquant directement sur le bouton *Coller* (ou en pressant *Ctrl + V* au clavier), une balise de collage s'affiche automatiquement en-dessous du tableau copié : vous pouvez cliquer sur cette balise pour faire apparaître les différentes options de collage.

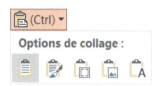

Cliquez sur le bouton correspondant à votre choix en fonction des options ci-dessous :

Utiliser les styles de destination (par défaut)	Le tableau est transformé en tableau PowerPoint et adopte le thème de la présentation. Le tableau est modifiable avec les outils de tableau de PowerPoint.
Conserver la mise en forme Source	Le tableau est transformé en tableau PowerPoint et conserve le thème du classeur Excel. Le tableau est modifiable avec les outils de tableau de PowerPoint.
Incorporer	Le tableau est incorporé en tant que tableau Excel ; un double-clic sur le tableau permet de revenir dans l'environnement Excel et de modifier le tableau
Image	Le tableau est inséré en tant qu'image ; il n'est pas modifiable.
Conserver uniquement le Texte	Seul le contenu du tableau est inséré dans une zone de texte.

Exercice

Exercice 1 - le tableau devient un tableau PowerPoint :

Ouvrez le fichier Présentation d'exercices tableaux et graphiques VotrePrénom et créez une nouvelle diapositive de disposition *Titre seul* à la suite des diapositives existantes. Dans la zone de titre de la nouvelle diapositive, saisissez le texte **Tableau Excel option 1**

Ouvrez le classeur Excel Tableaux Excel pour diapositives. Sélectionnez le tableau de la feuille **Commerciaux** et copiez-le, puis collez-le dans la nouvelle diapositive créée sans modifier l'option de collage par défaut.

Effectuez les manipulations suivantes :

- Agrandissez le tableau jusqu'à lui donner la largeur de 21 cm sur une hauteur de 10 cm.

- Agrandissez la taille de la police à 18 points. Mettez la ligne de titres et la ligne de totaux en gras.

- Appliquez le style de tableau *Style à thème 2– Accentuation 2*

- Alignez tous les chiffres à droite des cellules (notez que certains chiffres peuvent ne pas s'aligner correctement du fait des espaces ajoutés durant la transformation du tableau Excel en tableau PowerPoint ; pour corriger cela, il vous faut supprimer les espaces avant chaque chiffre)

- Modifiez le chiffre de **Janvier** pour **Anne** en **432 000 €**. Notez que le total ne se met pas à jour ; corrigez-le en saisissant **694 000 €**

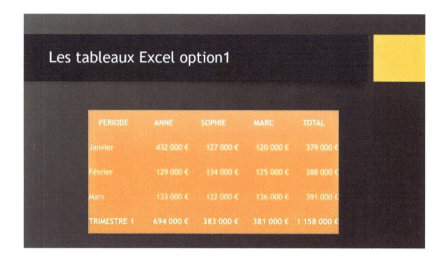

Exercice 2 - le tableau reste un tableau Excel :

- Dupliquez la diapositive **Tableau Excel option 1** et dans la nouvelle diapositive, modifiez le titre en **Tableau Excel option 2**
- Sélectionnez le tableau et supprimez-le
- Sous Excel, rouvrez si nécessaire le classeur Excel Tableaux Excel pour diapositives et copiez à nouveau le tableau
- Revenez à la diapositive **Les tableaux Excel Option 2** et collez le tableau en choisissant cette fois le collage spécial en tant que tableau Excel
- Utilisez une poignée d'angle pour agrandir le tableau sans le déformer.
- Double-cliquez sur le tableau pour modifier le chiffre de **Janvier** pour **Anne** en **432 000 €**. Notez que le total se met à jour automatiquement.
  Cliquez en dehors de la zone du tableau pour revenir à la diapositive.

Enregistrer le fichier Présentation d'exercices tableaux et graphiques VotrePrénom.

Les graphiques

Au même titre que pour les tableaux, vous avez deux possibilités lorsqu'il s'agit d'ajouter un graphique à une diapositive : vous pouvez choisir soit de le créer dans PowerPoint, soit de le copier d'Excel si vous l'avez déjà créé dans un classeur.

La première chose lorsque l'on parle graphique est d'avoir un tableau à présenter sous forme graphique. Lors de la création du graphique, PowerPoint propose de créer le tableau source dans une feuille Excel, qui sera intégrée à la présentation de façon transparente pour vous.

Voyons cela de plus près. Pour effectuer les manipulations qui suivent, rouvrez le fichier Présentation d'exercices tableaux et graphiques VotrePrénom et insérez une nouvelle diapositive de disposition *Titre et contenu* en fin de présentation. Saisissez **Graphique La Guinguette** dans la zone de titre.

Créer un graphique PowerPoint.

- Dans l'onglet *Insertion / Insérer*, groupe *Illustrations*, cliquez sur le bouton Graphique ▮▮ (ou utilisez directement le bouton *Insérer un graphique* ▮▮ de l'espace réservé)
- Une fenêtre s'affiche, vous proposant plusieurs types de graphiques

- Cliquez sur *Histogramme* dans la colonne de gauche puis sur l'icône *Histogramme groupé 3D* 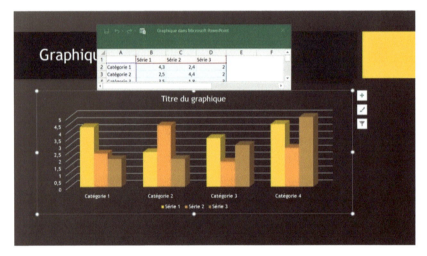 dans la partie droite de la fenêtre.
- Validez par *OK* : une fenêtre Excel s'affiche

- La feuille Excel contient des valeurs exemples, que vous devez remplacer par vos propres données
- Saisissez les données suivantes dans la feuille :

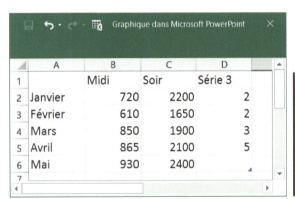

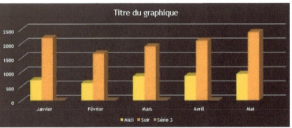

Il nous faut nous débarrasser de la dernière colonne, qui continue de figurer sur le graphique et dont nous n'avons pas besoin :

- Visez la poignée bleue ⌐ délimitant la fin des données (en bas à droite de la cellule D6) et cliquez-glissez vers la gauche pour rectifier la source du graphique, lequel se met à jour automatiquement.

- Refermez la feuille de données Excel en cliquant sur sa croix de fermeture en haut à droite.

 *Vous pouvez également utiliser un **Copier / Coller** pour alimenter la feuille de données du graphique si vous avez déjà créé le tableau de données dans Excel, dans PowerPoint ou dans Word.*

Supprimer un graphique

Pour supprimer le graphique que nous venons de créer, cliquez sur sa bordure pour sélectionner la zone entière du graphique puis appuyez sur la touche *Suppr* du clavier.

Cliquez sur *Annuler* ↶▾ pour récupérer notre graphique, car nous n'en avons pas terminé avec lui.

Modifier un graphique

Les onglets de graphiques

Les possibilités de modification et de mise en forme d'un graphique sont très nombreuses et à ce titre, les graphiques méritent l'ajout de deux onglets contextuels : *Création* et *Format.*

Onglet Création

Utilisez l'onglet *Création* pour gérer les grandes options du graphique telles que changer le type du graphique, réafficher la feuille de données et modifier la source du graphique (voir ci-après), utiliser une *Disposition* préétablie (voir ci-après) ou appliquer un *style rapide*.

Onglet Format

Cet onglet est plutôt dédié, comme son nom l'indique, à la mise en forme détaillée des éléments qui composent le graphique, comme modifier une couleur de remplissage ou ajouter un *effet WordArt* sur un texte du graphique.

Modifier les données

Après avoir refermé votre feuille Excel, vous pouvez avoir besoin d'y revenir pour modifier vos données :

- Dans l'onglet contextuel *Création*, groupe *Données*, cliquez sur le bouton *Modifier les données*

- Saisissez les chiffres 2800 en cellule **B4** et 3200 en cellule **B6** puis refermez la fenêtre Excel

Choisir une disposition rapide du graphique

- Dans l'onglet contextuel *Création*, groupe *Dispositions du graphique*, cliquez sur le bouton *Dispositions rapides* et testez les différentes dispositions préétablies.

  Pour obtenir le graphique ci-dessous (avec titre et position de la légende en-dessous du graphique), choisissez *Disposition 3*

- Saisissez le titre du graphique **Nombre d'entrées 2016**.

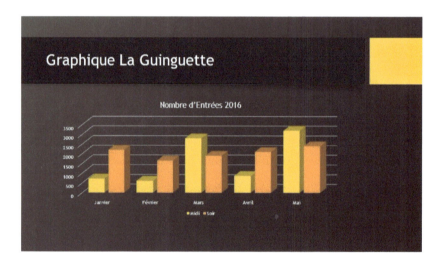

Ajouter des étiquettes

- Sélectionnez la barre la plus haute : un premier clic puis un autre clic bien distinct sur la barre correspondant à **Mai - Midi** (seule cette barre de la série doit être sélectionnée car nous voulons une seule étiquette)

- Cliquez sur le bouton + affiché à droite du graphique et cochez l'option *Etiquettes de données* : une étiquette **3200** est automatiquement ajoutée au-dessus du point de données (pour accéder aux options d'étiquettes, cliquez à nouveau sur +, puis cliquez sur la flèche ▸ à droite de *Etiquettes de données* et enfin sur *Autres options*)

- Recommencez la même opération pour la barre la moins élevée (**Février – Midi**)

- Utilisez l'onglet *Accueil* pour formater le texte des étiquettes en gras et en taille 24

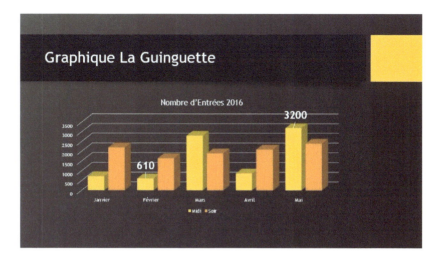

Ajouter une zone de texte ou un objet indépendant

Il n'est pas rare d'avoir à ajouter une forme ou du texte sur un graphique. Ajoutez et placez correctement tel que dans l'image ci-dessous les éléments suivants :

- la forme *Etoile à 6 branches* avec le texte **Meilleure année depuis 2012**
- la *Zone de texte* avec le texte **Samedi 21 mai**

Les couleurs et styles de graphique

Cette fois encore, comme pour les autres objets, des couleurs et des styles sont prévus pour mettre en forme rapidement vos graphiques.

- Dans l'onglet contextuel *Création*, groupe *Styles du graphique*, cliquez sur *Style 7*.

- Dans le même onglet, déroulez le bouton *Couleurs* et choisissez *Palette monochrome 5*

Enregistrez votre fichier Présentation d'exercices tableaux et graphiques VotrePrénom.

Exercice

Exercice n° 1 :

Ouvrez votre fichier Présentation d'exercices tableaux et graphiques VotrePrénom et ajoutez une nouvelle diapositive de disposition *Titre et contenu* après la diapositive **Tableau Excel Option 1**. Saisissez **Graphique PowerPoint** dans la zone de titre de la diapositive.

Nous allons maintenant récupérer les cellules d'un tableau existant comme source du graphique :

- Sélectionnez les cellules du tableau de la diapositive **Tableau Excel Options 1** et copiez-les (bouton *Copier* de l'onglet *Accueil* ou *Ctrl C* au clavier)
- Revenez dans la diapositive **Graphique PowerPoint** et cliquez sur le bouton *Insérer un graphique* de l'espace réservé
- Sélectionnez *Secteurs*, dans la colonne de gauche et conservez le secteur 2D proposé par défaut
- Validez par *OK*.
- Dans la feuille de données Excel qui s'affiche, cliquez sur la cellule **A1** et *Collez* (bouton *Coller* de l'onglet *Accueil* ou *Ctrl V* au clavier)
- Cliquez sur la balise de collage qui s'affiche  en bas à droite des cellules collées et choisissez l'option *Respecter la mise en forme de destination* 📋
- Au besoin, agrandissez la fenêtre Excel en cliquant-glissant sur son coin inférieur droit
- Sélectionnez les lignes 2 à 4, cliquez droit dessus et choisissez *Supprimer*
- Supprimez également la colonne **E**

	A	B	C	D
1	PERIODE	ANNE	SOPHIE	MARC
2	TRIMESTRE 1	694 000 €	383 000 €	381 000 €

- Si vous observez votre graphique dans PowerPoint, vous voyez qu'il n'a pas encore pris forme : revenez cliquer sur la diapositive, sélectionnez le graphique et cliquez sur le bouton *Intervertir les lignes/colonnes* 🔁 de l'onglet contextuel *Création*.
  Si le bouton *Intervertir les lignes/colonnes* apparaît en grisé, cliquez sur le bouton *Sélectionner les*

données du même groupe puis sur le bouton *Changer de ligne ou de colonne*

- Refermez la feuille Excel
- Dans l'onglet contextuel *Création*, groupe *Dispositions du graphique*, déroulez le bouton *Dispositions rapides* et choisissez *Disposition 1*

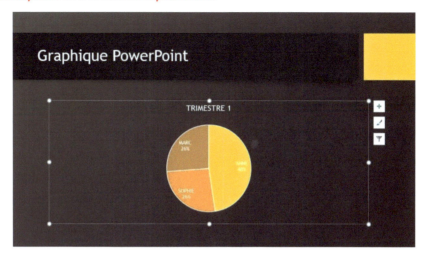

A propos de rien… Nos diapositives d'exercice deviennent plus nombreuses, et si vous ajoutiez le numéro de diapositive ? Sur toutes les diapositives sauf sur celle de titre, si vous voulez bien. Souvenir, souvenir… Un indice, c'est dans l'onglet *Insertion / Insérer* qu'il vous faut chercher.

Exercice n° 2 :

Ajoutez une nouvelle diapositive de disposition *Titre et contenu* après la diapositive **Les graphiques PowerPoint**. Saisissez en titre **Graphiques PowerPoint 2.**

- Cliquez sur le bouton *Insérer un graphique* de l'espace réservé
- Sélectionnez *Courbes* puis cliquez sur la première courbe et validez par *OK*
- Dans la feuille de données Excel, effacez les données exemples et saisissez le tableau ci-après à partir de la cellule **A1** (n'oubliez pas de supprimer les colonnes C et D devenues inutiles)

	A	B	C
1	Mois	Consommation en KWH	
2	Janv	994	
3	Fév	1003	
4	Mars	695	
5	Avr	569	
6	Mai	328	
7	Juin	212	
8	Juil	112	
9	Août	130	
10	Sep	199	
11	Oct	685	
12	Nov	769	
13	Déc	1032	
14		Pour redimensionner la plage	

- Refermez la feuille de données Excel.

De retour sur le graphique dans PowerPoint, effectuez les manipulations suivantes :

- Cliquez sur le bouton 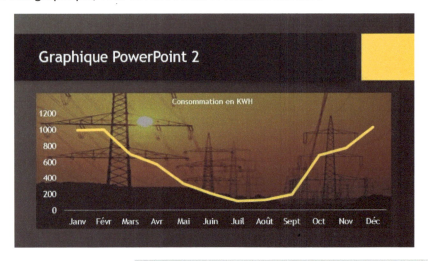 affiché à droite du graphique et décochez les options *Quadrillage* et *Légende*

- Cliquez sur la ligne et dans l'onglet contextuel *Format*, déroulez le bouton *Contour de la forme*, cliquez sur *Epaisseur* et choisissez *6 points*

- Dans l'onglet contextuel *Format*, réglez la taille de la zone du graphique à 30 cm en largeur et 11 cm en hauteur

- Cliquez sur un des mois pour sélectionnez l'axe des abscisses (axe horizontal) et dans l'onglet *Accueil*, formatez-le en taille 20

- Faites de même pour l'axe vertical (cliquez sur un nombre pour sélectionner l'axe)

- Cliquez sur un endroit vide du graphique pour sélectionner la *zone du graphique* et dans l'onglet *Format,* groupe *Sélection active*, cliquez sur le bouton *Mise en forme de la sélection* (vous pouvez également cliquer droit sur la zone du graphique puis sur *Format de la zone de graphique*).

- Dans le volet *Format* qui s'affiche à droite de l'écran, cochez *Remplissage avec image ou texture*

- Cliquez sur le bouton *Fichier* et sélectionnez l'image **Pylônes électriques**

- Toujours dans le volet *Format*, réglez la zone *Transparence* à 50 %

- Refermez le volet *Format*

Pour notre dernier graphique, vous devez obtenir le résultat suivant :

![Graphique PowerPoint 2 - Consommation en KWH]

Enregistrez et refermez votre fichier Présentation d'exercices tableaux et graphiques VotrePrénom.

Le volet de sélection

Le volet *Sélection et visibilité* affiche la liste des différents éléments présents sur la diapositive active (formes, objets et espaces réservés). Le volet peut s'avérer indispensable lorsque votre diapositive contient beaucoup d'objets, dont certains empilés, et qu'il vous est devenu difficile de sélectionner un élément individuel.

Pour tester le volet de sélection, votre fichier **Diapositives pour mise en forme VotrePrénom** et sélectionnez la diapositive **Quelques informations**.

- Pour afficher le volet *Sélection et visibilité*, activez l'onglet *Accueil* et dans le groupe *Modification* à droite, déroulez le bouton *Sélectionner*, puis cliquez sur *Volet Sélection*

Testez les possibilités offertes par le volet *Sélection* en effectuant les manipulations suivantes :

- Cliquez sur un élément dans la liste pour qu'il se sélectionne dans la diapositive

- Cliquez sur l'œil en regard d'un élément pour qu'il disparaisse momentanément de la diapositive

  Cliquez à nouveau sur l'œil pour le réafficher.

- Identifier un élément de la diapositive par un nom plus parlant : cliquez deux fois lentement sur son nom dans la liste du volet et saisissez un nom descriptif.

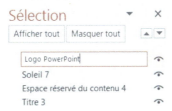

Refermez le volet *Sélection*.

A CE POINT DU MANUEL, REALISER DES EXERCICES DE MISE EN APPLICATION POUR VALIDER LES CONNAISSANCES ACQUISES ⑧

Les notes (commentaires)

Pour effectuer les manipulations suivantes, ouvrez votre fichier **Présentation pour objets VotrePrénom**.

Dans PowerPoint, l'un des plus durs combats à mener est d'éviter la surcharge des diapositives. Particulièrement, la surcharge de texte uniquement présent en "pense-bête" pour le présentateur. Les notes, ou commentaires, sont justement là pour vous éviter de tomber dans ce piège.

La zone de saisie des notes se trouve en-dessous de la diapositive en mode d'affichage *Normal*. Si elle n'est pas visible, cliquez sur le bouton ≜ Notes dans la barre d'état en bas de l'écran PowerPoint ou cliquez-glissez sur la bordure au-dessus de la barre d'état (cherchez le pointeur █.)

Imaginons par exemple que vous ayez quelques chiffres clés à donner au moment du passage de la diapositive **Notre catalogue formation**. Et que bien sûr, vous ne les connaissiez pas tous de mémoire. Dans ce cas, pourquoi ne pas les mettre en commentaire ? Vous pourrez ainsi imprimer votre présentation avec vos notes, que vous pourrez consulter au moment fatidique.

Ajouter des notes en mode Normal

Cliquez sur la diapositive **Notre catalogue formation** puis cliquez dans la zone de notes et saisissez le texte suivant :

> Janvier : 320
> Décembre : 450
> Objectif fin juin : 600
> Parler du futur site de Cannes – 300 m² sur deux étages, 6 salles de formations de 8 postes, 5 salles de formation de 12 postes, 1 amphi, 1 cafétéria à chaque étage.
> Ouverture prévue des locaux fin mars, déménagement et regroupement fin juin

Rien ne vous interdit d'effectuer quelques mises en forme : sélectionnez les paragraphes et utilisez par exemple le bouton *Puces* de l'onglet *Accueil* pour ajouter des puces.

Maintenant, sélectionnez le chiffre 600 et utilisez le bouton *Couleur de police* pour le mettre en rouge. Ah, il ne se passe rien ? Pas de texte en rouge possible pour les notes ?

En fait, si, PowerPoint a bien pris votre demande en compte mais le mode d'affichage *Normal* ne permet pas de visualiser toutes les mises en forme ou les objets insérés en notes (vous avez en effet le droit d'ajouter des formes à vos notes). Pour cela, vous devez passer en mode d'affichage *Page de notes*.

Utiliser l'affichage Page de notes

- Cliquez sur l'onglet *Affichage* puis sur le bouton *Page de notes* du groupe *Affichages des présentations*
- La diapositive est présentée en taille réduite avec la zone de notes en-dessous, sur un format de papier A4.

Le masque Page de notes

Au même titre que les diapositives, les pages de notes disposent d'un masque qui vous permet de personnaliser en une seule fois toutes les pages de notes de la présentation. Si vous avez saisi de longs textes de notes sur la plupart de vos diapositives, vous pouvez par exemple décider que vous préférez diminuer la taille de la diapositive pour laisser plus de place à vos notes.

- Dans l'onglet *Affichage*, cliquez sur le bouton *Masque des pages de notes*
- Diminuez la hauteur de la diapositive miniature à 7 cm et augmentez la hauteur de la zone de notes à 14 cm et sa largeur à 17 cm. Recentrez les deux éléments dans la page.

Ajouter des en-têtes ou pied de page

Encore une fois comme les diapositives, les pages de commentaires peuvent être numérotées (elles le sont par défaut) et pourvues de textes ou d'une date automatique dans leur en-tête ou pied de page. Vous pouvez par exemple ajouter le nom de votre société en bas de chaque page de commentaires imprimée.

- Dans l'onglet *Insertion / Insérer*, groupe *Texte*, cliquez sur le bouton *En-tête / pied*
- Activez le deuxième onglet *Notes et documents* et utilisez les options proposées :
- Date et heure
    - Pour une date et/ou une heure qui se mettra à jour à chaque ouverture ou à chaque impression, cochez l'option *Mise à jour automatique* et déroulez la zone de liste pour choisir le format voulu
    - Pour une date et/ou une heure fixe de votre choix, cochez l'option *Fixe* et saisissez la date et/ou l'heure voulue
- *En-tête :* cochez l'option et saisissez le texte **Formation PowerPoint** (position en haut des pages)
- *Numéro de page* : cochez l'option pour ajouter le numéro des diapositives
- *Pied de page* : cochez l'option et saisissez le texte **Tip Top Formation** (position en bas des pages)

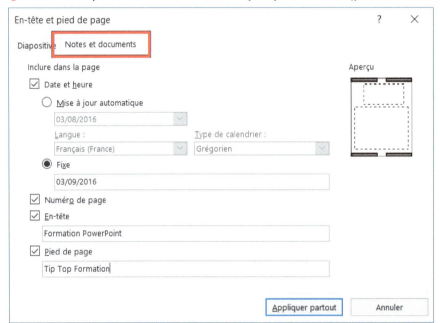

Bien que l'activation de l'en-tête et pied de page s'effectue dans la boite de dialogue ci-dessus, leur mise en forme ou repositionnement s'effectue soit dans le masque des pages de notes, soit au cas par cas sur chaque diapositive en mode d'affichage Page de notes.

Imprimer les notes

Voir le paragraphe *Définir les options d'impression* ci-après.

Revenez en mode d'affichage *Normal* par l'onglet *Affichage* ou par le bouton en barre d'état à gauche du zoom et enregistrer votre fichier.

L'impression de la présentation

Une présentation PowerPoint est souvent destinée à être affichée sur un écran, mais il est tout à fait possible également d'utiliser PowerPoint pour éditer des documents papier. Vous pouvez par exemple :

- vouloir envoyer votre présentation imprimée à un client
- imprimer vos diapositives sur papier pour relecture (avec impression de plusieurs diapositives par page ou uniquement du texte)
- prévoir un document à remettre à l'assistance le jour de la présentation sur grand écran, avec trois

diapositives par page et des lignes vides sur lesquelles les personnes noteront leurs commentaires

- vouloir imprimer votre présentation avec les notes que nous venons d'étudier

Pour effectuer les manipulations qui suivent, vous pouvez ouvrir votre fichier **Présentation pour objets VotrePrénom.**

La mise en page de la présentation

Lors de l'impression, la mise en page prévue pour l'affichage écran s'applique et convient généralement très bien. Vous pouvez toutefois la modifier, par exemple pour choisir une orientation verticale de vos diapositives ou pour un format de papier A4 (dans ce cas, la diapositive apparaîtra légèrement plus longue à l'écran).

Pour changer la mise en page de la présentation, procédez comme suit :

- Dans l'onglet *Création*, groupe *Personnaliser*, cliquez sur le bouton *Taille des diapositives* puis sur *Taille de diapositives personnalisée*

- Dans la liste *Diapositives dimensionnées pour*, cliquez sur le format que vous souhaitez choisir pour votre impression.

- Pour définir l'orientation des diapositives, cliquez sur *Paysage* ou *Portrait* de la zone *Orientation*.

- Vous pouvez également utiliser la zone *Numéroter à partir de :* pour saisir le numéro de départ de la numérotation de vos diapositives ou documents.

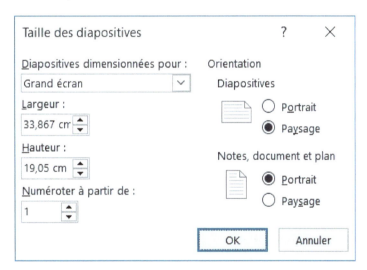

 Un changement radical de mise en page désorganisera le contenu de vos diapositives, qui sera remis à l'échelle. Il convient donc de décider très tôt durant la conception de la mise en page.

Définir les options d'impression

- Dans l'onglet *Fichier*, cliquez sur *Imprimer*. La fenêtre ci-dessous s'affiche à l'écran.

Bouton *Imprimer* : lancer l'impression

Zone *Copies* : préciser le nombre d'exemplaires à imprimer

Liste *Imprimante* : choisir l'imprimante sur laquelle lancer l'impression

Liste *Imprimer toutes les diapositives* : choisir les diapositives à imprimer

Zone *Diapositives* : saisir les numéros de diapositives à imprimer séparés par un tiret (jusqu'à) ou un point-virgule (et)

Liste *Diapositives en mode Page entière* : voir [1] ci-dessous

Liste *Assemblées* : choix en cas d'impression en plusieurs exemplaires

Liste *Couleur* : possibilité d'imprimer en nuances de gris ou en noir et blanc

[1] Impression des diapositives ou des documents

- Pour imprimer chaque diapositive en pleine page, cliquez sur *Diapositives en mode Page entière*.
- Pour imprimer les diapositives et leurs notes, cliquez sur *Pages de notes*.
- Pour imprimer uniquement le texte de la présentation (titres et zones à puces), cliquez sur *Plan*
- Pour imprimer un document avec plusieurs diapositives par page, cliquez sur le nombre de diapositives que vous souhaitez imprimer par page dans la zone *Documents*.

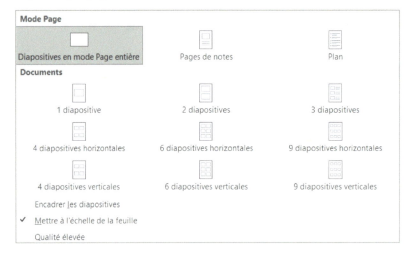

Exercice

Ouvrez la présentation Diapositives pour mise en forme VotrePrénom et si nécessaire, choisissez le mode d'affichage *Normal*. Effectuez les manipulations suivantes :

- Appliquez le thème *Intégral*
- Utilisez les en-tête et pied de diapositive pour ajouter la date avec mise à jour automatique et le n° de diapositive sur toutes les diapositives sauf la diapositive de titre.
- Sur toutes les diapositives, choisissez une *Puce carrée pleine* pour les textes de premier niveau et changez sa taille pour 80% de la taille du texte
- Sur la diapositive n° 3, ajoutez les commentaires suivants :

> Manuels mis à jour tous les ans
>
> Parler des manuels en ligne sur le site internet
>
> Proposer les manuels sur clé USB

- Sur la diapositive n° 4, ajoutez les commentaires suivants :

> Version 2007 sur demande.
>
> Parler de la compatibilité
>
> Parler du convertisseur
>
> Parler du PDF et d'XPS et des tailles de fichiers comparées

- Dans l'aperçu avant impression, testez les impressions suivantes :
  - Pages de commentaires
  - 3 diapositives par page
  - 6 diapositives par page
- Facultativement, réglez la couleur à *Nuances de gris* et lancez l'impression avec *6 diapositives par page*

Enregistrez le fichier Diapositives pour mise en forme VotrePrénom.

Le Diaporama

Comme nous l'avons déjà dit, un fichier PowerPoint est très souvent destiné à être projeté sur grand écran. Vous utiliserez dans ce cas le *Diaporama*, mode d'affichage qui masque toutes les barres d'outils, fenêtres et autres éléments de l'environnement de votre ordinateur pour ne plus montrer qu'une diapositive occupant tout l'écran.

Le présentateur pourra ensuite faire défiler chacune de ses diapositives en appui de son discours. Arrivé à la dernière diapositive, PowerPoint affichera un écran noir indiquant la fin du diaporama. A noter que pour interrompre le diaporama, vous pouvez appuyer sur la touche *Echap* de votre clavier.

Pour tester les manipulations qui suivent, ouvrez votre fichier Diapositives pour mise en forme VotrePrénom.

Lancer le diaporama

- Sélectionnez la diapositive à partir de laquelle vous souhaitez débuter la projection

- Cliquez sur le bouton *Diaporama* ⬚ à gauche de la barre de zoom en bas de l'écran

Vous pouvez également utiliser la touche de fonction *F5* du clavier ou encore l'un des boutons *A partir du début* ou *A partir de la diapositive actuelle* ⬚ dans l'onglet *Diaporama*, groupe *Démarrage du diaporama*

Faire défiler les diapositives

Un simple clic souris suffit pour passer d'une diapositive à l'autre, mais d'autres choix s'offrent à vous, plus avantageux car ils permettent de naviguer d'avant en arrière dans les diapositives :

- Les quatre flèches directionnelles du clavier

- La molette de votre souris

- La barre d'outils du diaporama, qui s'affiche en filigrane lorsque vous survolez avec votre souris le coin inférieur gauche de la diapositive

Utiliser le diaporama est donc très instinctif ; nous vous proposons cependant de prendre connaissance des quelques manipulations et astuces décrites ci-dessous :

Opérations du diaporama	Procédure
Atteindre la diapositive numéro *n*	*Saisir le numéro de la diapositive et valider par la touche Entrée*
Afficher un écran noir ou un écran blanc	Touche N ou touche B au clavier (même touche pour réactiver l'écran)
Mettre fin au diaporama	Touche Echap au clavier
Changer le pointeur en un crayon	Touches Ctrl+P
Changer le pointeur en une gomme	Touches Ctrl+E
Rétablir le pointeur en une flèche	Touches Ctrl+A
Effacer les annotations à l'écran	Touche E
Afficher ou masquer les marques manuscrites	Touches Ctrl+N
Afficher la boîte de dialogue Toutes les diapositives	Touches Ctrl+S

Masquer une diapositive durant le diaporama

Vous pouvez avoir créé une diapositive que vous voulez ne pas inclure dans votre diaporama sans toutefois la supprimer définitivement de la présentation (on ne sait jamais…). Dans ce cas, vous pouvez la masquer.

- Dans l'onglet *Diaporama*, groupe *Configuration*, cliquez sur le bouton *Masquer la diapositive*
  Vous pouvez également cliquer droit sur la miniature de la diapositive puis cliquer sur *Masquer la diapositive*
- Une diapositive masquée apparaît avec son numéro barré dans le volet de navigation ou dans l'affichage *Trieuse de diapositives*.

Animer la présentation

Lorsque vous faites défiler vos diapositives en mode *Diaporama*, vous pouvez vouloir ajouter des effets d'animation soit pour agrémenter vos diapositives, soit pour choisir le rythme et les séquences de progression des éléments sur vos diapositives.

Il existe deux types d'effets différents que nous vous proposons de découvrir : les effets de *transition* des diapositives et les effets d'*animation* des éléments sur les diapositives.

Pour effectuer les manipulations suivantes, ouvrez le fichier Présentation pour animations et enregistrez-le dans votre dossier sous le nom Présentation pour animations VotrePrénom. N'hésitez pas à tester les différents effets proposés pour trouver ceux qui vous conviennent le mieux.

Les transitions

Les *transitions* sont des animations qui marquent le passage d'une diapositive à l'autre en mode *Diaporama*.

Ajouter un effet de transition

Pour ajouter un effet de transition à la diapositive active ou aux diapositives sélectionnées, effectuez les manipulations suivantes :

- Dans l'onglet *Transition*, groupe *Transition vers cette diapositive*, cliquez sur le bouton *Autres* puis sur l'effet de transition à appliquer, par exemple *Fondu*.

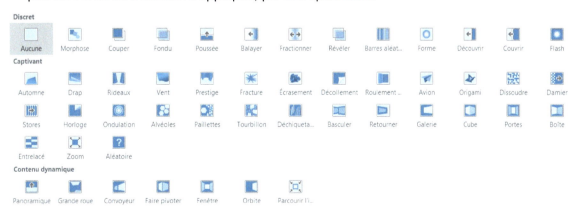

- Si vous souhaitez que la transition choisie soit appliquée sur toutes les autres diapositives de la présentation, cliquez sur le bouton *Appliquer partout* du groupe *Minutage*

Régler les options d'un effet de transition

- Pour définir la durée de la transition, spécifiez un nombre de secondes dans la zone *Durée* du groupe *Minutage* (ici 2 secondes et demie indiquées).	
- Pour automatiser le passage à la diapositive suivante, cochez l'option *Après* du groupe *Minutage*, et indiquez un nombre (ici 20 secondes) Si vous décochez l'option *Manuellement*, vous ne pourrez plus forcer le défilement des diapositives par la souris ou le clavier et devrez attendre que le délai indiqué soit écoulé.	
- Pour ajouter un son durant la transition, cliquez sur la flèche en regard du bouton *Son* du groupe *Minutage*, puis cliquez sur un des sons proposés dans la liste (ou sur *Autre son* pour utiliser un son de votre choix)	
- Certaines des transitions proposées comportent des propriétés personnalisables que vous pouvez modifier Dans le groupe *Transition vers cette diapositive*, cliquez sur le bouton *Options d'effet* 🗔 et sélectionnez l'option voulue (ci-contre les options pour l'effet *Fondu*)	

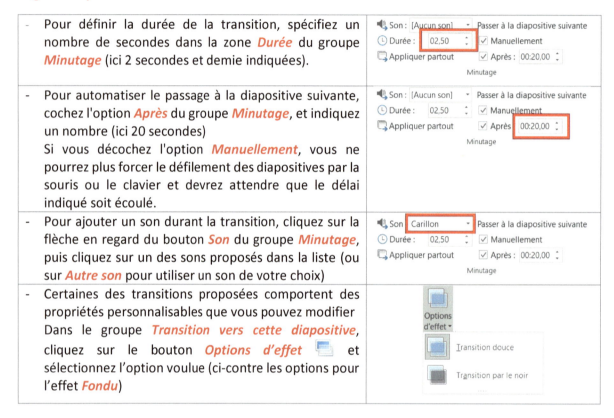

Supprimer une transition

- Dans le groupe *Transition vers cette diapositive*, cliquez sur le premier icône *Aucune*.

Exercice

Ouvrez le fichier Présentation pour diaporama et enregistrez-le dans votre dossier sous le nom Présentation pour diaporama VotrePrénom avant d'effectuer les manipulations suivantes :

Activez le mode d'affichage *Trieuse de diapositives*

- Sélectionnez toutes les diapositives hormis la première et la dernière et appliquez la transition *Convoyeur*
- Dans les options de l'effet, choisissez une vitesse de *1 seconde*
- Sélectionnez la dernière diapositive et appliquez la transition *Cube*

Les animations d'objets

En dépit de son aspect ludique, l'animation des objets est loin de n'être qu'un sujet d'amusement comme on pourrait le penser. En fait, l'animation peut et doit être utilisée pour contrôler le flux d'informations et pour vous aider à focaliser l'attention de votre public sur des points importants de votre sujet.

Les effets d'animation s'appliquent aussi bien au texte qu'aux objets et se créent soit au niveau d'une diapositive spécifique soit dans le masque des diapositives si l'animation doit porter par exemple sur les titres ou les listes à puces de toutes les diapositives.

Il existe quatre différents types d'effets d'animation dans PowerPoint :

- les effets d'*Apparition*, par lesquels l'objet s'affiche sur la diapositive ; ils sont symbolisés par la couleur verte ★
- les effets de *Disparition*, par lesquels l'objet quitte la diapositive; ils sont symbolisés par la couleur rouge ★
- les effets d'*emphase* pour indiquer le comportement de l'objet pendant qu'il est affiché sur la diapositive ; ils sont symbolisés par la couleur jaune ★
- les effets de *Mouvement* pour indiquer une trajectoire précise ou un mouvement de l'objet dans l'espace de la diapositive

Pour effectuer les manipulations qui suivent, ouvrez le fichier Présentation pour diaporama VotrePrénom

Afficher le volet animations

Avant de commencer, nous vous conseillons d'afficher un outil bien utile : le volet *Animation*, qui vous listera les animations appliquées aux objets au fur et à mesure que vous les ajouterez.

Le volet contient des informations indispensables, notamment l'ordre des différents effets, des boutons pour changer cet ordre, le type et la durée de l'effet ainsi que les noms des objets animés. Pour ouvrir le volet *Animation*, procédez comme suit :

- Dans l'onglet *Animations*, groupe *Animation avancée*, cliquez sur le bouton *Volet Animation*.

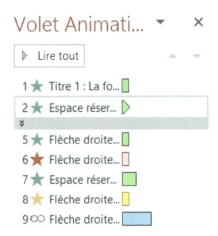

Pour l'instant, votre volet est vide, mais il s'enrichira au fur et à mesure que vous ajouterez des animations.

Ajouter une animation à un objet

- Sélectionnez l'objet que vous souhaitez animer, par exemple la flèche de la troisième diapositive **La formation PowerPoint**
- Dans l'onglet *Animations*, groupe *Animations*, cliquez sur le bouton *Autres* pour accéder à la liste complète des effets d'animation. Sélectionnez par exemple l'effet d'apparition *Balayer*

- Pour visualiser votre effet d'animation, lancez le diaporama ou cliquez sur le bouton *Aperçu* de l'onglet *Animations*
- Affiner votre effet d'animation en cliquant sur le bouton *Options d'effet* du groupe *Animations* et en choisissant *A partir du haut*

 Une fois que vous avez appliqué une animation à un objet ou à du texte, les éléments animés sont marqués sur la diapositive par une balise numérotée, invisible à l'impression. A noter que les balises s'affichent uniquement lorsque l'onglet Animations est sélectionné.

Changer l'animation appliquée à un objet

- Sélectionnez l'objet et cliquez sur un autre effet dans la galerie des effets du groupe *Animations*

Ajouter un autre effet à un objet

- Sélectionnez l'objet et cliquez sur le bouton *Ajouter une animation* du groupe *Animation avancée* pour choisir l'effet désiré

Choisir le mode de démarrage, la durée et le délai de l'effet

Vous disposez de trois outils dans l'onglet *Animation*, groupe *Minutage*, pour affiner la façon dont s'exécutera l'effet : *Démarrer*, *Durée* et *Délai*.

Démarrage de l'effet

Dérouler le bouton *Démarrer* pour choisir de quelle façon l'animation se lancera :

- *Au clic* : l'effet commence lorsque vous cliquez avec la souris (ou utilisez l'une des commandes clavier pour faire avancer le diaporama)
- *Avec la précédente* : l'effet commence en même temps que l'effet précédent de la liste.
- *Après la précédente* : l'effet commence après l'effet précédent dans la liste.

Durée de l'effet

La plupart des effets ont une durée d'exécution prévue, que vous pouvez modifier par la zone *Durée*.

Délai

Utilisez la zone *Délai* pour indiquer un temps d'attente avant que l'effet ne se lance.

Accéder aux options avancées d'une animation

Pour afficher davantage d'informations et accéder aux options avancées d'un effet, pointez sur l'effet dans la liste puis cliquez sur la flèche déroulante ▾ qui s'affiche à droite du nom de l'effet puis cliquez sur *Options d'effet…* :

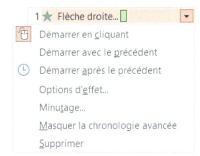

Ci-dessous la fenêtres d'options d'un effet **Balayer** (à noter que les options diffèrent selon l'effet sélectionné) :

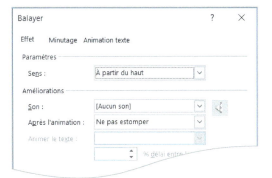

Vous pouvez par exemple utiliser la zone *Après l'animation* pour que l'élément sélectionné change de couleur à la fin de son animation ou, dans l'onglet *Minutage*, demander à ce que l'élément soit automatiquement masqué au prochain clic.

Modifier l'ordre des animations

Par défaut, les animations de vos objets s'enchaînent dans l'ordre où vous les créez, mais vous pouvez bien sûr modifier leur ordre de passage :

- Sélectionnez l'animation à déplacer dans le volet *Animations* et utilisez les flèches ▲ ▼ situées en haut du volet. Vous pouvez également cliquer et faire simplement glisser l'animation à la position de votre choix dans la liste des animations.

Exercice

Ouvrez la présentation Présentation pour diaporama VotrePrénom et positionnez-vous sur la diapositive n°2 **Notre catalogue Formation** pour effectuer les manipulations suivantes :

- Sélectionnez l'image de la salle de cours et appliquez l'effet d'apparition *Fondu*
- Réglez la durée à **2 secondes**
- Sélectionnez la zone de texte **Salle de formation** et appliquez l'effet *Fractionner*
- Dans les options d'effet, modifiez l'option *Sens* pour choisir *Verticalement vers l'arrière*
- Dans le volet *Animation*, faites remonter l'animation du texte avant l'animation de l'image
- Choisissez *Après la précédente* pour que l'animation de l'image se lance automatiquement après le texte
- Sélectionnez la zone de puces (cliquez sur sa bordure, le curseur ne doit pas être visible) et appliquez un effet d'apparition *Balayer*
- Dans les options d'effet, modifiez l'option *Sens* pour choisir *A partir de la gauche*
- Dans les options avancées de l'animation, modifiez l'option *Après l'animation* pour choisir une couleur grise dans *Autres couleurs*
- Toujours dans les options avancées, activez l'onglet *Animation texte* et choisissez de grouper le texte par *2ème niveau de paragraphes* (ainsi, les sous-paragraphes sous **Les formations sur site et hors site** n'apparaissent pas en même temps que le paragraphe)
- Faites remonter en première position l'animation de la zone de puces

Intégrer les diapositives d'une autre présentation

Lorsque vous voulez copier dans une présentation les diapositives issues d'une autre présentation, vous pouvez tout simplement les copier/coller. Pour effectuer les manipulations qui suivent, vous aurez besoin des fichiers Présentation pour objets VotrePrénom et Présentation pour Diaporama.

- Ouvrez la présentation Présentation pour objets VotrePrénom
- Sélectionnez les deux diapositives **Les tableaux PowerPoint** et **Les tableaux Excel option 1** dans le volet de navigation (utilisez la touche *Ctrl* du clavier pour la sélection multiple)
- *Copiez* les diapositives
- Ouvrez le fichier Présentation pour Diaporama
- Dans le volet de navigation ou dans le mode *Trieuse de diapositives*, cliquez après la dernière diapositive pour vous positionner et *Collez*

Les diapositives adoptent automatiquement le thème et le masque du fichier Présentation pour Diaporama, ce qui nous convient.

Les options de collage des diapositives

Notez que vous pouvez choisir de conserver ou pas le thème et le masque d'origine au moment de votre recopie.

- Juste après avoir collé les diapositives, pointez sur la balise de collage qui s'affiche dans le volet de navigation
- Déroulez la balise et choisissez l'option qui vous convient :

 Utiliser le thème de destination (option par défaut, pour appliquer le masque de la présentation en cours)

 Conserver la mise en forme Source (pour conserver le masque d'origine des diapositives)

 Image (coller la diapositive en tant qu'image sur la diapositive en cours)

Enregistrer une présentation comme modèle

Si vous avez souvent le même genre de présentation à réaliser, il peut être intéressant pour vous d'enregistrer une présentation comme modèle afin de pouvoir la réutiliser comme base à volonté.

Contrairement aux thèmes ou aux masques, les modèles de présentation peuvent contenir également des diapositives avec leur contenu. Ainsi par exemple, vous n'aurez plus à recréer la diapositive de titre avec le nom de votre société ou celle contenant l'organigramme de votre société, qui se répète sur chacune de vos présentations. Autre avantage, vous conservez également l'en-tête et pied de diapositives ou de documents.

Format et emplacement des modèles

Les modèles PowerPoint ont la particularité de porter automatiquement l'extension de fichier *.potx* au lieu de *.pptx* (ou *.potm* s'ils contiennent des macros). Ils ont de plus un dossier spécifique sous Windows, qui sera automatiquement proposé comme dossier d'enregistrement au moment de leur création.

Créer un modèle de Présentation

Pour enregistrer une présentation PowerPoint comme modèle, procédez comme suit :

- Ouvrez la présentation qui doit servir de base à la création du modèle. En ce qui nous concerne, ouvrez le fichier Présentation pour diaporama VotrePrénom.
- Supprimez les diapositives superflues pour ne conserver que celles que vous voulez retrouver à

chaque utilisation du modèle, à savoir : la première, la deuxième et la dernière diapositive.

- Dans l'onglet *Fichier*, cliquez sur *Enregistrer sous*

- Dans la boite de dialogue qui s'ouvre à l'écran, cliquez sur le bouton *Parcourir*

- Dans la boite de dialogue qui s'ouvre à l'écran, effectuez les manipulations suivantes :

  - Changez le nom du fichier en ⬚Modèle présentation formation VotrePrénom⬚

  - Déroulez la zone *Type* et dans la liste qui s'affiche sélectionnez *Modèle PowerPoint (*.potx)* (notez que PowerPoint change aussitôt le dossier d'enregistrement pour vous proposer le dossier *Modèles Office personnalisés*)

  - Validez par le bouton *Enregistrer*

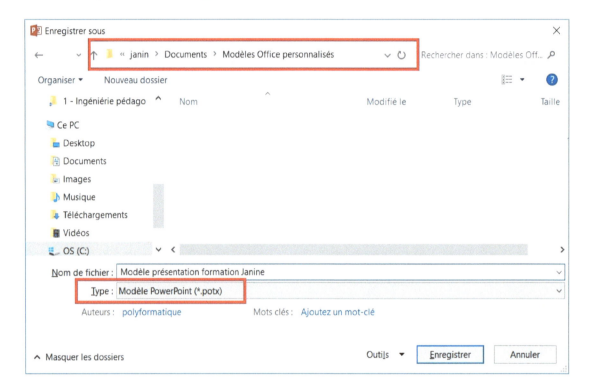

- Refermez votre modèle

Utiliser un modèle

Avant tout, il faut savoir que pour utiliser un modèle, on ne l'ouvre pas : on crée une <u>nouvelle présentation</u> basée sur le modèle. Si votre modèle est encore ouvert, refermez-le avant de procéder aux manipulations suivantes :

- Dans l'onglet *Fichier* cliquez sur *Nouveau*

- Dans la partie droite de la fenêtre, cliquez sur *Personnel* pour accéder à vos modèles personnels

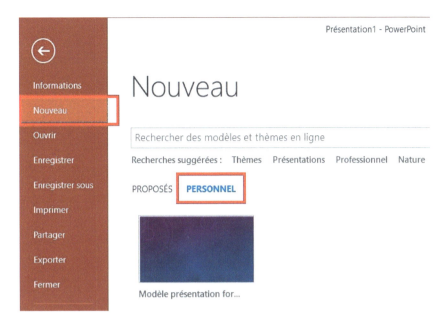

- Cliquez sur le modèle à utiliser puis dans la boite de dialogue qui s'affiche, cliquez sur le bouton *Créer*
- Une nouvelle présentation est créée, qui reprend toutes les caractéristiques du modèle et que vous pourrez modifier et enregistrer comme toute nouvelle présentation

 *Pour modifier un modèle, utilisez l'**explorateur Windows** (raccourci clavier Windows + E) pour ouvrir le dossier d'enregistrement des modèles Office (par défaut dossier **Modèles Office personnalisés** dans le dossier **Documents**). Cliquez sur le modèle à l'aide du bouton droit de la souris et choisissez **Ouvrir** (ne pas double-cliquer sur le modèle)*

Aller plus loin avec l'enregistrement

Le format d'enregistrement des fichiers

Changer le format d'enregistrement du fichier en cours

Par défaut, PowerPoint enregistre tous les fichiers créés au format 2007 - 2016. Ce format n'est pas compatible avec les anciens formats utilisés par les précédentes versions 97-2003. Un problème peut donc se poser si vous partagez votre document avec une personne ne disposant pas d'une version récente de PowerPoint (imaginons un client à qui vous souhaitez envoyer votre fichier par messagerie).

Heureusement, vous pouvez créer une copie de votre fichier dans l'ancien format d'enregistrement avant de le partager :

- Dans l'onglet *Fichier*, cliquez sur la rubrique *Enregistrer sous* puis sur le bouton *Parcourir*
- Dans la boite de dialogue qui s'affiche à l'écran, déroulez la zone *Type de fichier* et sélectionnez *Présentation PowerPoint 97-2003 (*.ppt)*
- Changez si nécessaire le nom et/ou l'emplacement du nouveau fichier avant de valider.

Changer le format d'enregistrement par défaut

Si vous travaillez le plus souvent avec des personnes qui ne disposent pas de la dernière version de PowerPoint, peut-être serait-il judicieux de demander à ce que PowerPoint enregistre systématiquement les nouveaux fichiers que vous créez à l'ancien format 97-2003.

C'est possible, il faut dans ce cas changer le format d'enregistrement *par défaut* :

- Dans l'onglet *Fichier*, cliquez sur le bouton *Options*.
- Cliquez sur la rubrique *Enregistrement*
- Choisissez le format *PowerPoint 97-2003* dans la liste déroulante de la zone *Enregistrer les fichiers dans ce format :*

Enregistrer les fichiers dans ce format :	Présentation PowerPoint 97-2003 ▼

Convertir un ancien fichier au nouveau format

Lorsque vous ouvrez un fichier enregistré dans l'ancienne version 97-2003, PowerPoint vous l'indique dans la barre de titre de votre présentation en ajoutant la mention *[Mode de compatibilité]* [Mode de compatibilité] après le nom du fichier.

Vous pouvez bien sûr convertir votre fichier dans la nouvelle version de PowerPoint :

- Dans l'onglet *Fichier*, cliquez sur la rubrique *Informations* puis sur le bouton *Convertir.*
- Au message qui s'affiche, cliquez sur *OK*.

Modifier le dossier d'enregistrement par défaut

Lorsque vous enregistrez un nouveau fichier ou demandez l'ouverture d'un fichier existant, PowerPoint vous propose systématiquement le même dossier, généralement *Documents*. Si vous changez systématiquement ce dossier à chaque ouverture ou enregistrement, peut-être serait-il intéressant de modifier votre dossier par défaut.

- Dans l'onglet *Fichier*, cliquez sur le bouton *Options*
- Cliquez sur la rubrique *Enregistrement*
- Cliquez sur le bouton *Parcourir* à droite de la *zone Dossier par défaut* pour choisir votre nouveau dossier d'enregistrement par défaut

Dossier par défaut :	C:\Users\Janine\Documents\	Parcourir...

Merci de ne pas changer le dossier par défaut sur les postes utilisés durant votre formation.

L'enregistrement automatique

Tout d'abord, une petite mise au point s'impose : la fonctionnalité d'*enregistrement automatique* ne saurait se substituer à l'enregistrement manuel du travail par le biais du bouton *Enregistrer*. L'enregistrement régulier des fichiers reste le moyen le plus sûr de préserver votre travail. Parfois cependant, il arrive que PowerPoint se ferme avant que vous n'ayez pu enregistrer les modifications apportées sur votre fichier (dysfonctionnement du programme, coupure de courant, instabilité du système…)

Bien qu'il ne soit pas toujours possible d'éviter le pire, vous pouvez prendre des mesures afin de protéger au maximum votre travail en cas de fermeture anormale de PowerPoint.

Activer l'enregistrement automatique

- Dans l'onglet *Fichier*, cliquez sur le bouton *Options*
- Dans la rubrique *Enregistrer*, activez l'option *Enregistrer les informations de récupération automatique toute les…*
- Si nécessaire, modifiez la fréquence des enregistrements automatiques dans la zone *Minutes*.

Que faire après un incident ?

Si vous relancez PowerPoint après un incident, plus communément appelé « plantage », le volet *Récupération de document* s'affiche automatiquement, vous affichant la liste des fichiers ouverts au moment de l'incident.

Pour récupérer la dernière version enregistrée automatiquement d'une présentation, cliquez dessus pour l'ouvrir et relancez immédiatement un enregistrement.

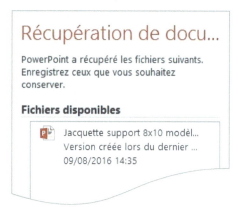

A CE POINT DU MANUEL, REALISER DES EXERCICES DE MISE EN APPLICATION POUR VALIDER LES CONNAISSANCES ACQUISES

12

Méthodes d'apprentissage disponibles

Ces méthodes sont disponibles sur le site www.amazon.fr. Vous pouvez accéder à la liste de nos ouvrages en saisissant le nom de l'auteur ou le code ISBN dans la zone de recherche du site.

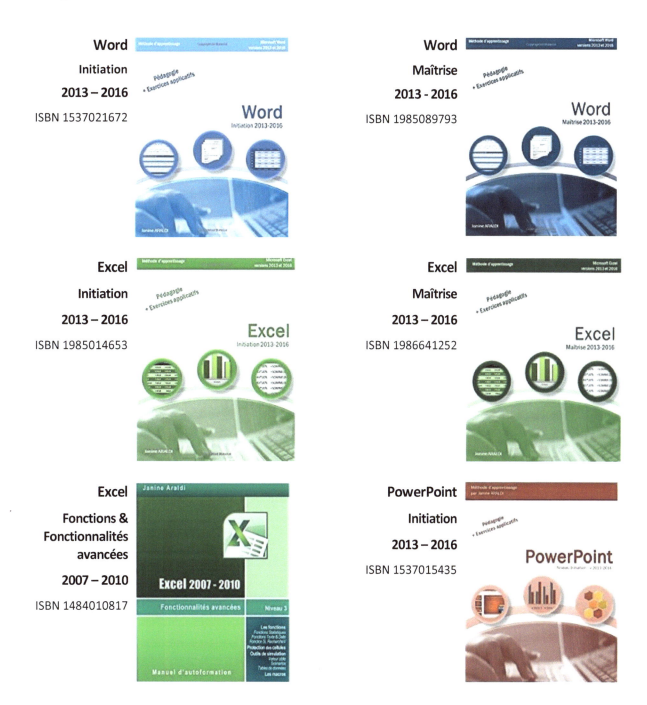

Word

Initiation

2013 – 2016

ISBN 1537021672

Word

Maîtrise

2013 - 2016

ISBN 1985089793

Excel

Initiation

2013 – 2016

ISBN 1985014653

Excel

Maîtrise

2013 – 2016

ISBN 1986641252

Excel

Fonctions & Fonctionnalités avancées

2007 – 2010

ISBN 1484010817

PowerPoint

Initiation

2013 – 2016

ISBN 1537015435